Carmen Eller

Ein Jahr in Moskau

Für meine Mutter,
die mich die Welt entdecken ließ
in Liebe

Carmen Eller

Ein Jahr
in Moskau

Reise in den Alltag

FREIBURG · BASEL · WIEN

Originalausgabe

© Verlag Herder GmbH, Freiburg im Breisgau 2010
Alle Rechte vorbehalten
www.herder.de

Satz: Dtp-Satzservice Peter Huber, Freiburg
Herstellung: CPI Moravia Books, Pohorelice

Gedruckt auf umweltfreundlichem, chlorfrei gebleichtem Papier
Printed in Czech Republic

ISBN 978-3-451-06135-6

Inhalt

The more you love a memory,
the stronger and stranger it becomes.

VLADIMIR NABOKOV

September

Nach einer turbulenten Taxifahrt lande ich in einer verwandelten Stadt, fürchte mich vor meinem dritten Mitbewohner und treffe den russischen Harry Potter

Über Moskau leuchteten Sterne aus Glas. Rot wie Rubine saßen sie auf den Türmen des Kreml. Dafür fehlten die Gestirne am nächtlichen Himmel. Selbst der Mond war hinter dem Erlöserturm verschwunden. Als sich um Mitternacht die Zeiger auf seinem Zifferblatt trafen, läuteten die Glocken.

Ungläubig blickte ich auf die märchenhaft bunte Basiliuskathedrale. Ein Milizionär zog wenige Meter davor an seiner Zigarette. Die Spitze glimmte wie ein verlöschender Himmelskörper. In der Ferne, vor dem angestrahlten Kaufhaus GUM, sah ich die schwarze Silhouette eines eng umschlungenen Liebespaars. „Träumst du?", hörte ich eine Männerstimme hinter mir. Ich drehte mich um und sah Wladimir winken.

„*Kak dela?* Na, wie geht es dir?", fragte mein künftiger Mitbewohner und kam näher. „*Choroscho*", sagte ich, „gut", aber das traf es nicht. Eigentlich kam ich mir vor wie neu geboren. Doch zu diesem Satz reichte mein Russisch noch nicht aus. Wie Gagarin, den die Sowjets einst in den Weltraum schossen, fühlte ich mich aus meiner gewohnten Umlaufbahn katapultiert. Auf dem weiten, fast menschenleeren Roten Platz stand ich jetzt wie auf einem fremden Planeten. Hier sollte mein neues Leben beginnen.

Wladimir kannte ich gerade einen halben Tag. Am Flughafen Domodedowo hatte der junge Mann in Jeans und Lederjacke das Schild mit meinem Namen hochgehalten. Die Beschreibung passte: schwarze Haare, dunkle Augen, braunes Shirt. Ganz Gentleman, nahm er mir den übergewichtigen Koffer ab und zog ihn ins Freie. Vor den Schwingtüren des *aeroport* schien die Sonne. Keine Wolke zog über den Moskauer Himmel, aber um mich herum war alles in Bewegung. Beine, Koffer, Räder. Russische Wortfetzen flogen durch die Luft, Kinder weinten, Autos hupten. Von allen Seiten schwirrten Männer wie Moskitos um uns herum: „Taxi! Taxi! *Nedorogo*. Nicht teuer." „*Dawai*, komm! Unser Fahrer wartet schon." Wladimir schleuste mich durch die Menge und wuchtete meinen Koffer in einen silbernen Schiguli. „Sag mal, hast du Steine eingepackt?" „Nein, aber die gesammelten Werke von Dostojewski", scherzte ich. Tatsächlich hatte ich für lange Winterabende russische Romane im Gepäck.

Wladimir und ich hatten kaum auf der Rückbank Platz genommen, da gab unser Fahrer, ein dicker Russe mit Schildmütze und Schnurrbart, auch schon Gas. Über vierspurige Ausfallstraßen rasten wir ins Zentrum. Seit einem vor Jahren glimpflich verlaufenen Autounfall hatte ich als Beifahrerin schwache Nerven. Unser Taxist, der bei über 140 Sachen und regem Spurwechsel ohne Blinker auskam, strapazierte sie gewaltig. Am Fenster flog Moskau vorbei. Autohäuser, Shopping-Malls und Wohnsilos, die wie gigantische Bienenwaben in den Himmel ragten. „Bist du zum ersten Mal in der Stadt?", wollte Wladimir wissen. In gebrochenem Russisch erzählte ich ihm von meinem Schüleraustausch in den frühen Neunzigern. Von meinen Gasteltern, deren Herzlichkeit mich jedes Heimweh vergessen ließen. Von meiner Gastschwester Sweta, die schon mit 14 keine Lust mehr auf einen Beruf hatte und deshalb auf einen tüchtigen Gatten hoffte. Leider war unser Kontakt abgebrochen. Keine Seltenheit in einer Zeit ohne E-Mails, aber mit unzuverlässigen Postboten.

„Wie lange bleibst du diesmal?" Wladimir sah mich erwartungsvoll an. „Erst mal nur ein Jahr. Als Redakteurin bei der Moskauer Deutschen Zeitung." Ich beschrieb ihm das Journalistenprogramm des Instituts für Auslandsbeziehungen, das mich nach Russland entsandt hatte.

Wladimir stammte aus der Kleinstadt Rjasan, rund zweihundert Kilometer von Moskau entfernt. In die Hauptstadt hatte ihn sein Studium geführt. Als Verkaufsleiter einer Firma kümmerte er sich um die Ausfuhr von russischem Schnittholz nach Europa. Gleichzeitig schrieb er an einer Doktorarbeit in Germanistik. Wladimir ergründete darin Besonderheiten argumentativer Strukturen in deutschsprachigen wissenschaftlichen Abhandlungen, was hoffentlich spannender war, als es klang. Doch er meinte ganz unsentimental: „Wahrscheinlich bleibe ich am Ende in der freien Wirtschaft. Als Uniprofessor erhältst du hier einen Hungerlohn." Das also hatte sich nicht verändert seit meiner ersten Russlandreise. Lehrer und Ärzte zählten schon damals zu den Geringverdienern.

Unser Taxifahrer drehte am Radio, und ich hörte die ersten russischen Nachrichten. Weil Wladimir weitersprach, verstand ich bis auf die Wettervorhersage nur Putin. Immer wieder Putin. Wir sausten durch graue Wohnviertel mit bunten Reklametafeln, und ich war von Minute zu Minute gespannter auf mein neues Zuhause. Irgendwann bogen wir in eine schmale Seitenstraße mit kleinen Lebensmittelläden.

Der Taxifahrer blinkte links und wir rumpelten einen unebenen Weg entlang, den hohe Bäume säumten. Vor einem unscheinbaren Plattenbau bremste er und rief *„Stschastliwo!"*, als wir ausstiegen. *„Stschastliwo!"*, wiederholte Wladimir. Für Moskauer war das russische Wort für „glücklich" ein üblicher Abschiedsgruß, für mich ein Grund zum Staunen.

An meinem neuen Haus hingen rostige Balkone wie Überbleibsel von anno dazumal. So hatte ich russische Wohnviertel in Erinnerung. Andere Aspekte des Alltags schien ich völlig verdrängt zu haben. Sonst hätte ich wohl nicht gleich einen Kulturschock erlebt, als ich das Treppenhaus sah. Vielmehr roch. Eine Mischung aus nassem Hund, Urin und Holzkohle lag in der Luft. Ich rümpfte die Nase, aber hielt meinen Mund. Schließlich wollte ich Wladimir nicht beleidigen, er konnte ja nichts für den Gestank. Erst viel später sollte ich beobachten, wie er zustande kam.

Wladimir hievte mein Kofferungetüm über hohe graue Stufen in den vierten Stock. Ich dachte wieder an meinen spindeldürren Gastvater vom Schüleraustausch, der trotz dicker Schweißperlen auf der Stirn immer darauf bestanden hatte, alle Koffer ganz alleine zu schleppen.

Im Flur roch es nach gebratenen Kartoffeln. Wladimir zog den Koffer über einen braunen Teppich, vorbei an Telefontisch und Garderobe. „Wo ist die Toilette?", fragte ich und verschwand in einem winzigen Raum, auf dessen Boden ein aufgeschlagenes Computermagazin lag.

Mein neues Zimmer stammte aus einer vergangenen Zeit. In einem schweren braunen Eichenschrank staubten dickleibige Bücher vor sich hin. Ein zartrosa Blumenmeer ergoss sich über die Tapete. Welcher Mensch hatte dazu nur ein düsteres Stillleben mit Gebetbuch und tropfender Kerze gehängt? Das Beste aber war ein rotbrauner Teppich, der sich über die ganze Wand spannte. Darunter stand ein Wahrzeichen russischer Wohnkultur: der Diwan. Rot wie die Flagge der Sowjetunion. Gegenüber reihten sich hinter einer Glasvitrine Modelle von Satelliten und falsche Kristallgläser aneinander. Darüber kreiste ein Sputnik um einen Plastikglobus. War mein Vorgänger etwa Kosmonaut gewesen? „Der Vater des Vermieters arbeitete als Raumfahrttechniker", erriet Wladimir meine Gedanken. „Aber jetzt stelle ich dir Alexej vor."

Mein zweiter Mitbewohner stand mit Shorts und freiem Oberkörper vor einer Pfanne. Auf einem Backblech brutzelte

Alexejs Auflauf, ein etwas liebloses Gemisch aus Pilzen, Kartoffeln und Suppengrün. Vier dazugelegte Würste versetzten mein Vegetarierherz in Aufregung. „*Priwet*, Carmen, hallo." Der halbnackte Koch reichte mir seine rechte Hand, mit der linken stach er eine Gabel ins Gericht. „*Sadis*, setz dich." Ich ließ mich auf einem der Holzhocker nieder und sah mich um. Die Küche war nicht viel größer als eine Besenkammer. Über blau-weiße Kacheln schipperten Segelboote. Folklorefiguren mit kugelrunden Bäuchen tanzten auf Holzbrettchen über der Spüle.

Mein Blick schweifte über die Mikrowelle zum Fernseher, und in diesem Moment sah ich ihn. Den dritten im Bunde, den Mitbewohner, den mir alle Beteiligten bisher verschwiegen hatten. Unverwechselbare Kennzeichen: graue Haare, schwarze Knopfaugen, vier Beine – dazu ein bleistiftlanger Schwanz. Eine Ratte! Ihr Käfig stand auf der lautlos flimmernden Mattscheibe. Ohne Interesse für seine Umwelt zu zeigen, knabberte das Vieh an einer Banane. „Das ist Ben", sagte Alexej, und Wladimir grinste. „Du magst doch Tiere, oder?" Jetzt grinste Wladimir noch breiter, öffnete eine Wodkaflasche und hob sein Glas. Statt ehrlich zu antworten, stieß ich mit ihm an. „Auf dich!", riefen die Männer im Chor. „*Dobro poschalowat w Moskwu!* Willkommen in Moskau!"

Wir aßen, wir tranken und wieder dachte ich an meine alte Gastfamilie. Ihr Russland ging damals durch meinen Magen und es war Liebe auf den ersten Biss. Trotzdem freute sich Maxim, Swetas kleiner Bruder und damit das Nesthäkchen der Familie, immer noch am meisten über McDonald's-Kost. Mit der Perestrojka war auch der Big Mac nach Moskau gekommen. Noch immer sah ich die strahlenden Augen des Sechsjährigen vor mir, als er Coca-Cola durch den Strohhalm zog. Meine Gastmutter inszenierte im Esszimmer täglich „Tischlein deck dich", und ich musste spachteln, bis jede Schüssel leer war und mein Bauch so voll, als hätte ich

Rotkäppchen mitsamt dem Wolf verschlungen. Doch frische Früchte waren Luxus. Niemals hätte man damals eine Ratte auf ein Stück Banane losgelassen.

Auch Alexej wollte wissen, was mich nach Moskau führte, erzählte aber selbst sichtlich ungern von seinem Job. „Ich mache PR in einer Künstleragentur" war alles, was ich dazu von ihm hörte. „Wie weit ist es eigentlich von hier zum Roten Platz?", warf ich nach dem zweiten Wodka in die Runde, wohl wissend, dass ich heute nicht einschlafen könnte, ohne ihn gesehen zu haben. „*Nedaleko*, nicht weit. Eine halbe Stunde mit der Metro." Wladimir lächelte. „Du bist wohl noch nicht müde?" Nein. Nervös? Ja. Leicht beschwipst? Vielleicht. Aber müde? Eine Viertelstunde später saß ich mit meinen Jungs in der Metro.

Statt abgegriffener Münzen öffneten uns jetzt Magnetkarten den Weg in die Unterwelt. Sonst aber war alles so, wie ich es in Erinnerung hatte. Endlose Rolltreppen, die doppelt so schnell wie zu Hause liefen. Palastartige Stationen mit Kronleuchtern und Skulpturen russischer Revolutionäre. Bunte Mosaike mit Lenins Konterfei. Ein sowjetisches Disneyland, dessen Pracht mich wieder staunen ließ, als sähe ich alles zum ersten Mal.

Leider strahlte der Glanz der Metro nicht ab auf das menschliche Gemüt. Die Moskauer, die sich mit uns in weichen Kunstledersesseln zum Takt der Räder schütteln ließen, hatten ernste und müde Gesichter. In einer Ecke krümmte sich eine faltige Frau mit zerschlissenem Schuhwerk. An jeder Station sagte eine freundliche Stimme: „Vergessen Sie beim Aussteigen Ihre Sachen nicht." Aber das rauschte an mir vorbei, wie ich überhaupt kaum etwas von dem verstand, was sich Alexej und Wladimir in schnellem Pingpong-Russisch erzählten. Umgeben von kyrillischen Buchstaben, dösenden Russen und gleichmäßigem U-Bahn-Rattern gab ich es auf, ihrem Gespräch folgen zu wollen.

Von der Station *Ploschtschad Revoluziji* sah man bereits auf den Roten Platz. Weil er leicht anstieg, erhoben sich in der Ferne die verspielten Kuppeln der Basiliuskathedrale mit jedem Schritt ein Stück mehr aus dem Kopfsteinpflaster. Ausgerechnet Zar Iwan der Schreckliche hatte diese architektonische Schönheit in Auftrag gegeben. Erst jetzt, als ich direkt vor ihr stand, war ich wirklich in Moskau angekommen.

An keinem Ort waren die Kontraste der Stadt schärfer als auf dem Roten Platz. Gegenüber dem Lenin-Mausoleum, einem Sinnbild des Kommunismus, lockte mit dem Kaufhaus GUM ein turbokapitalistischer Konsumtempel. Bei meinem ersten Besuch in Moskau stand ich zwei Stunden in der Schlange, um einen Blick auf Lenins Leiche zu werfen. Sprechen war streng verboten, und so drehte ich zusammen mit russischen und deutschen Schülern eine schweigende Runde in dem finsteren Raum. In Anzug und Krawatte lag der beleuchtete Lenin wie Schneewittchen im gläsernen Sarg.

„Na, was sagst du?", riss mich Wladimir aus meinen Gedanken. „Wunderbar." In diesem Moment erschien es mir wirklich wie ein Wunder, nach zwei Stunden Flug aus Berlin, nach Taxifahrt und Metrorattern, nach Wodka und der ernüchternden Erkenntnis, die Wohnung künftig mit einer Ratte teilen zu müssen, wieder auf diesem weltberühmten Pflaster zu stehen.

Nein, es war nicht der Wodka, der mich in eine so euphorische Stimmung brachte, es war dieser schwindelerregend schöne Platz, den ich in Zukunft immer wieder betreten sollte, wenn meine Welt aus den Fugen geraten war oder Melancholie mich ergriff. In meinem Kopf spielte der alte Beatles-Hit: *„Been away so long I hardly knew the place, gee, it's good to be back home. Leave it til tomorrow to unpack my case, honey disconnect the phone. I'm back in the USSR."* Na ja, die

Sowjetunion war zum Glück schon Geschichte, auch wenn, wie ich später erfuhr, manche Russen das bis heute nicht glauben wollen.

Die ersten Tage vergingen wie im Traum. Erst wenn ich Wladimir und Alexej im Nebenzimmer auf Russisch sprechen hörte und einen verschlafenen Blick aus meiner Plattenbaufestung wagte, wusste ich es wieder ganz sicher: Vor der Tür wartete mein Abenteuer Moskau. Vor allem aber auch mein Job als Journalistin.

Am Morgen meines ersten Arbeitstages schaffte ich es kaum, richtig zu frühstücken. Was nicht nur an meiner Aufregung lag. Während ich Milch in meine Cornflakes goss, wühlte mein müffelnder Mitbewohner mit seinen langen Krallen in der Käfigstreu. Meine zweibeinigen WG-Genossen schliefen noch. Zu meinem Erstaunen teilten sie nicht nur ein Zimmer, sondern auch das Bett. Inwieweit dies ihr privater Spaß oder doch eher eine Sparmaßnahme war, musste ich noch herausfinden.

Auf dem Weg zur Arbeit passierte ich erneut unsere vier stinkenden Stockwerke. Unangenehme Gerüche, so merkte ich schnell, gehörten zu Moskau wie hupende Blechlawinen. Vor der Tür aber war die Luft klar. Hinter einer frühmorgendlichen Wolkendecke blinzelte die Sonne hervor. Nur ganz wenig, als ob sie noch entscheiden müsste, ob sie sich wirklich in die Welt wagen wollte. Auf dem Spielplatz gegenüber half eine junge Mutter ihrem kleinen Mädchen auf die Schaukel. Mein Weg zur Metro führte mich an kleinen Kiosken vorbei, vor denen Männer Zigaretten pafften. Verwahrloste Gestalten bettelten sie um ein paar Rubel an.

Kaum betrat ich die Metrostation, war es mit der Ruhe vorbei. In der Moskauer Unterwelt wie überhaupt im russischen Leben galt ein ehernes Gesetz: Der Stärkste gewinnt!

Zur Rushhour herrschte in dieser Elfmillionenstadt real existierender Sozialdarwinismus. Einem Menschen, der sich ohne Ticket durch die Sperre wagte, schlugen zu einem schrillen Warnsignal zwei Metallschranken auf die Schenkel. Dahinter geriet ich in einen Strudel aus Jacken, Taschen, Armen und Beinen.

Als sich die Türen des anfahrenden Zuges öffneten, ergoss sich ein Strom von Menschen in die bereits wartende Masse. Man musste nicht viel von Algebra verstehen, um zu wissen, dass so etwas nicht gut gehen konnte. Alle auf einmal stürzten, nein stießen sich in die Waggons. Ellbogen drängten mich zur Seite. Kurz: Der Zug fuhr ohne mich. Zu meinem Glück ging die Metro im Minutentakt. Beim zweiten Versuch stand ich vorne dabei und versuchte nicht länger, höflich zu sein. Geschafft.

Bevor ich mich darüber freuen konnte, rammte mir ein Mann von hinten seinen Aktenkoffer in die Kniekehlen. Glatzen und gefärbte Haare drückten sich in mein Gesicht. Die Dame vor mir hatte ihre Hochfrisur mit Spray fixiert, dessen beißender Geruch mir nun in die Nase stieg. Schweiß vermengte sich auf engstem Raum mit Zigarettenrauch, Hundehaaren und Parfüm. Ich kam ins Schwitzen. Wie musste sich erst ein klaustrophobisch veranlagter Mensch hier fühlen? Wer an dieser Krankheit litt, lebte bestimmt nicht in Moskau, dachte ich. Oder die morgendliche Metrofahrt wirkte als Schocktherapie so gut, dass der Geheilte fortan lieber andere Neurosen entwickelte. Etwa die Angst vor leeren Plätzen. Die gab es in Moskau nämlich nie.

Warum verbargen sich die Menschen, die in diesem Moloch zuhause waren, hinter einer Maske der Gleichgültigkeit? Warum verwandelten sie sich in andere Wesen, sobald sie die eigenen vier Wände verließen? Arbeiteten auch Alexej und Wladimir mit Ellbogen, wenn sie alleine unterwegs waren? Es gab noch viel zu lernen.

Als Redakteurin der Moskauer Deutschen Zeitung verantwortete ich das Feuilleton und die Rubrik Fotoreportage. Sobald ich mit dem Journalismus auf Russisch begann, merkte ich, dass es zunächst vor allem darauf ankam, nicht sofort an ihm zu verzweifeln. Die Anrufer in unserer Redaktion sprachen dreimal so schnell wie die Menschen auf meinen Lern-CDs. Es plagten sie auch ganz andere Probleme.

Fragen, auf die ich bestens vorbereitet gewesen wäre – wie „Könnten Sie mir sagen, wann der nächste Zug nach St. Petersburg fährt?" oder „Was kostet bei Ihnen das Doppelzimmer mit Frühstück?" –, stellten sie natürlich nie. Stattdessen wollten sie wissen, wie sie ein Zeitungsabo bestellen oder kündigen konnten, und vermieden dabei sorgsam jede mir bekannte Vokabel. Mehr als einmal reichte ich den Hörer unter einem Vorwand an einen meiner vier Kollegen weiter.

Auch mein Redaktionscomputer sprach ausschließlich Russisch. Jede Seite Pressemitteilung kostete mich eine Stunde, und selbst danach hatte ich nicht jeden Satz verstanden. Nur Langenscheidt war es zu verdanken, dass ich mit Kamera und Aufnahmegerät doch zur richtigen Zeit am richtigen Ort erschien. Weil ich Wichtiges von Unwichtigem erst nach mehrmaligem Anhören trennen konnte, nahm ich in Pressekonferenzen auch die langweiligsten Statements auf Band auf – um später über der Fülle des Materials fast den Mut zu verlieren.

Hatte ich damals nicht mit meiner russischen Gastschwester Sweta recht flüssig über Schulsorgen und Schwärmereien diskutiert? Irgendwo in meinem Hirn musste es all die Vokabeln noch geben, aber sie hatten sich verdammt gut versteckt.

„Mann, ist Russisch anstrengend!", klagte ich meinem Kollegen Christian eines Tages mein Leid. Wir saßen in der Redaktionskantine bei einer *ucha* – russischer Fischsuppe. Wie meine anderen deutschsprachigen Kollegen telefonierte er längst mühelos mit den Russen. „Sei froh, dass du immerhin gute Grundlagen hast", ermutigte er mich. „Als ich hier ankam, sprach ich so gut wie kein Wort." Was kaum zu glauben war, wenn man sein Russisch hörte.

Christian, ein Schweizer, war bereits ein Jahr vor mir zur Moskauer Deutschen Zeitung gekommen. Neben Russisch sprach er fließend Französisch und Spanisch. „Ich habe mal ein halbes Jahr in Madrid an der Universidad Complutense Politik studiert und bin früher gerne zum Surfen nach Tarifa gegangen", erzählte er mir. „Wirklich? Ich habe auch ein halbes Jahr in Madrid gelebt und dort Literatur studiert." Irgendwie freute ich mich über diese Gemeinsamkeit. Vielleicht würden wir uns ja auch außerhalb der Arbeit gut verstehen.

Eine Weile löffelten wir schweigend unsere Suppe. „Mit dem Russisch ging es uns allen so. Mach dir da nicht zu viele Gedanken." Christian sah mich aufmunternd an. *„Wsjo budjet choroscho."* Das hatte ich verstanden. Alles wird gut.

Mein erster Artikel führte mich zu einem Mann, der mit Helden aus der Sowjetunion im neuen Russland Karriere machte: Kinderbuchautor Wladimir Postnikow. *„Strastwujte.* Guten Tag und hereinspaziert!" Als die Tür zu seiner Moskauer Wohnung aufflog, erinnerte mich der Mann dahinter mit seinen millimeterkurzen Haaren, dem schwarzen T-Shirt und dem ovalen Gesicht an einen Pantomimen.

Einige Tage zuvor hatte ich ihn auf der Moskauer Buchmesse erlebt. Zwar trug er jetzt nicht mehr den Zylinder, seine Augen aber funkelten noch genauso frech. Eilig reichte er mir bunte Hausschlappen und bat mich in die Küche. Während ich mein Aufnahmegerät vorbereitete, setzte er Tee auf und verschwand dann ins Nebenzimmer.

Das Band lief jetzt, aber wo war mein Gesprächspartner? *„Gospodin Postnikow?",* rief ich leise, aber erhielt keine Antwort. „Ta-taaa!" Erschreckt fuhr ich herum. Postnikow stand mit einer Handpuppe im Türrahmen und sagte mit Piepsstimme: „Darf ich vorstellen? Ich heiße Karandasch." Das fing ja gut an.

Durch Vorrecherchen wusste ich, dass *karandasch* Bleistift hieß und eine Kinderbuchfigur war, die sein berühmter Vater, der Schriftsteller Jurij Druschkow, erfunden hatte. Tatsächlich saß der Puppe, die mit ihrem seidig gelben Kleidchen und den feuerroten Wuschelhaaren wie ein russischer Pumuckl aussah, ein kurzer dicker Stift als Nase im Gesicht.

Auf eine freche Show musste eine freche Frage folgen. „Warum haben Sie zunächst die Buchhelden Ihres Vaters übernommen, statt eigene zu schaffen?" „Neue Helden werden kaum populär, es sei denn, man veranstaltet eine große Werbekampagne", sagte Postnikow nun wieder mit tiefer Stimme und zog sich den russischen Pumuckl von der Hand. „Früher war es so: Wenn man schrieb, wie man musste, war man prominent und reich. Mein Vater zum Beispiel hatte in der Sowjetunion einen Freund, der in seinen Büchern die ganze Zeit nur von Pionieren erzählte. Er hatte viel Kohle, eine große Wohnung in Moskau und war ständig auf Kur."

Inzwischen kochte das Teewasser. Postnikow schenkte uns ein und erzählte weiter: „Nach der Perestrojka wurde keines seiner Bücher neu aufgelegt. So ging es den meisten Schriftstellern, die in der Sowjetunion berühmt waren. Heute wiederum zählt nicht, wie ein Buch geschrieben ist, sondern wie viel Werbung dafür gemacht wird."

Postnikow war ein Schriftsteller, der die Gesetze des Marktes genau zu kennen glaubte und bereit war, ihnen zu folgen. „Der erfolgreichste Autor ist ein Mensch, in dem sich die Talente eines Poeten und eines Geschäftsmannes vereinen", meinte er. „Wenn man berühmt werden will, gibt es zwei Möglichkeiten: zwanzig Jahre Öffentlichkeitsarbeit leisten oder ‚Harry Potter' schreiben."

Wie weit Postnikow zu gehen bereit war, um Aufmerksamkeit auf sich zu lenken, bewies sein jüngstes Werk „Der Junge Harry und sein Hund Potter". „Wenn ich den Jungen Wassja genannt hätte und den Hund Tusik, wäre dieses Buch doch uninteressant für die Medien." Postnikow lächelte schlitzohrig und zeigte mir das Werk, auf dessen Einband eine zwinkernde Eule zu sehen war. Ganz schön pfiffig, dachte ich. Mit dem echten Harry Potter habe sein Buch inhaltlich aber nichts zu tun, versicherte er mir. Eine Zauberschule käme bei ihm allerdings auch vor.

Postnikow senkte jetzt seine Stimme, als sei er ein Märchenerzähler, der zur spannendsten Stelle kommt: „Alle Figuren in dem Buch sind Tiere, bis auf den Jungen Harry. Eines Tages klingelt es an der Tür und vor ihm steht Potter, ein sprechender Hund."

Sein Geschäftssinn überraschte mich. Er war so ganz anders als die meisten Russen, die ich bei meiner ersten Moskaureise kennengelernt hatte. Ein Phänomen des neuen Russland. Mehrere Tassen Tee später zeigte sich: Postnikow lag nicht nur der Markt am Herzen, er hatte auch eine Mission. Er wollte russische Kinderbücher wieder bekannter machen. „In jedem Land gibt es doch einen Helden, auf den die ganze Nation stolz ist, zum Beispiel Winnie the Pooh in England, Pinocchio in Italien oder Karlsson in Schweden. In Moskau hängen jede Menge Plakate mit Harry Potter, aber viele russische Kinder kennen Tscheburaschka überhaupt nicht mehr." Ich war vor Kurzem durch Zufall auf die Figur gestoßen. Im Büro unseres Layouters saß ein braunes Plüschtier mit Segelohren und knallorangem Plastikgesicht. Eine bizarre Kreuzung aus Teddybär, Monchichi und Teletubby. „Was ist denn das?", entfuhr es mir eines Tages, und die Antwort des Layouters klang fast beleidigt. *„Eto Tscheburaschka!"*

Die Helden der Vergangenheit waren wieder im Kommen. In Gesprächen mit jungen Leuten merkte ich: US-amerikanische Filmstars taugten nicht mehr als Vorbilder, russische Role-Models mussten her. Das neu erwachte nationale Selbstbewusstsein, das mich bei meinem Gespräch mit Postnikow überrascht hatte, begegnete mir fortan immer wieder, und das nicht nur in den Menschen. Moskau selbst strahlte wie eine Metropole, die nach entbehrungsreichen Jahren lernt, zu genießen. Und doch steckte die Stadt voller Widersprüche. Hinter grandiosen Palästen lauerten graue Plattenbauten. Futuristische Architektur schoss neben klassizistischen Bauwerken in die Höhe. Es gab MTV und Sushi-Bars, aber am internationalen Bahnschalter sprach man noch immer kein Englisch.

In den nächsten Tagen und Wochen begab ich mich auf ausgedehnte Streifzüge. Immer wieder fuhr ich ins Herz der Stadt, spazierte die Kremlmauer entlang und bewunderte die Standfestigkeit der Wachsoldaten am Grab des unbekannten Soldaten. Ich lief die prächtige Einkaufsmeile Twerskaja hinauf und hinunter und erfreute mich an der goldenen Kuppel der Christi-Erlöser-Kathedrale. Stalin hatte sie sprengen lassen und Jelzin richtete sie bis zum Jahr 2000 wieder auf. Trotzdem konnte man sie leicht für ein Relikt aus der Zarenzeit halten.

Das Kaufhaus GUM am Roten Platz glitzerte wie Münchner Boutiquen in der Maximilianstraße. Im Schaufenster lagen Kleider von Chanel, Krawatten von Armani oder bester Schweizer Käse. Luxus ohne Grenzen, aber wer konnte sich ihn leisten?

Auf den breiten Boulevards verdeckten riesige Werbeplakate mit verführerisch gekleideten Frauen und frisch rasierten Schönlingen ganze Häuser. Auf dem Platz zwischen den heiligen Hallen der russischen Macht, Duma und Kreml, entdeckte ich eine Rolex-Reklame, die sich über mehr als hundert Meter erstreckte. In unserer Feuilleton-Glosse mit dem treffenden Namen „Planet Moskau" teilte ich meine Eindrücke mit den Lesern.

„Mein" Moskau hatte ein neues Gesicht. Ich betrachtete es immer wieder mit großen Augen und fuhr dann zurück in meine kleine WG. Als ich eines Abends die Wohnung betrat, produzierte Alexej gerade einen Remix auf seinem Laptop, während Wladimir in der Küche zwischen einer Putin-Rede und Popmusik hin- und herzappte. Zum ersten Mal versuchte ich mich an unserer halbautomatischen Waschmaschine. „Solche stehen noch in vielen Moskauer Haushalten", klärte mich Wladimir in seinem fast akzentfreien Deutsch auf.

Drei Schritte führten zum Erfolg beziehungsweise zu sauberen Kleidern: Klappe auf, Wäsche rein, Wasser marsch! Das mit dem Duschschlauch eingeführte Nass ergoss sich später als schmutzige Brühe in die Badewanne. Damit das Waschen trotzdem noch Spaß machte, hatte Alexej Aufkleber mit Wodkawerbung im Bad verteilt. In der Küche nagte Ben, die Ratte, sorglos an einem Apfel. Ihm war offensichtlich alles egal, solange nur genug in seinem Magen landete. *„Beeeeen away so long, I hardly kneeew the place",* summte ich vor mich hin. Niemand störte sich an unserer wilden Geräuschkulisse aus elektronischer Musik, russischen Nachrichten und halbautomatischer Waschmaschine. Irgendwie klang es fast besser als der Beatles-Song.

Oktober

Ein Russe legt in seinem Wohnzimmer Feuer, ich mache einen kulinarischen Ausflug in die Sowjetunion und erlebe die Liebe auf den ersten Löffel

Eines wurde mir in meiner russischen Wahlheimat sehr schnell bewusst: Um den Alltag in Moskau gut zu überstehen, brauchte ich viel Geduld und noch mehr Humor. Die Stadt hielt nahezu täglich Überraschungen für mich bereit. Das ging schon am Morgen los – mit einer kopflosen Verkäuferin.

Auf dem Weg zur Redaktion, die im fünften Stock des Deutsch-Russischen Hauses angesiedelt war, hielt ich an der nach einem sowjetischen Heerführer benannten Metrostation Frunsenskaja an einem wohnwagenähnlichen Gefährt. Darin gab es neben allerhand Milchprodukten wie Kefir und Käse besagte kopflose Verkäuferin.

Fast jeden Morgen erstand ich bei ihr einen Joghurtdrink. Ihr Gesicht sah ich nie. Womöglich war sie furchtbar entstellt oder hatte einen Schnurrbart. Ich hörte immer nur ihre Stimme, die *„sluschaju"* sagte, „ich höre". Das traf es genau, denn sehen konnte auch sie mich nicht. Das einzige Sichtfenster, durch das ich meine zwanzig Rubel reichte, befand sich auf der Höhe meiner Brust.

Allmorgendlich zog die Frau den Joghurtdrink mit geübtem Griff aus einem hinter ihr stehenden Pappkarton. Wie das Kaninchen aus dem Hut, dachte ich. Eine Zirkusnummer. Dem Milchwagen fehlte nur noch der Marktschreier: „Meine Damen und Herren, treten Sie näher und staunen Sie. Hier bedient nicht die Dame ohne Unterleib, nein, hier bedient die Dame ohne Kopf."

Diese Episode war kein Einzelfall. Es gab in dieser Stadt unzählige Methoden, die Kommunikation zwischen Kunde und Verkäufer zu unterbinden. Die Variante „Ich sehe nicht, ich höre nur" wurde nur noch gesteigert durch „Ich sehe, aber höre nicht" im Trolleybus.

Ich wollte vom Fahrer wissen, ob er bis zu meiner Station Bagrationowskaja fuhr. Der Mann saß in einer orangefarbenen Signaljacke am Steuer, wie sie in Deutschland Straßenarbeiter und Müllmänner tragen. In seiner Fahrerkabine bewegte er die Lippen lautlos wie ein Goldfisch im Glas. Die einzige Öffnung, durch die Rubel, Fahrscheine und Schallwellen passieren konnten, befand sich, und das übertraf noch den Milchwagen, auf der Höhe meines Bauches.

Ich beugte mich also nach unten und sprach meine Frage dort hinein. Dazu musste ich eine Pose einnehmen, die aussah wie Aerobic für Anfänger. Der Busfahrer sah mich verständnislos an. Als er mir schließlich antwortete, klang seine Stimme so dumpf, als spräche er zu mir aus einem anderen Universum. „Njet", das verstand ich. Die restlichen Worte blieben an der Scheibe hängen. Ein Schild, wie ich es aus Deutschland kannte – „Bitte sprechen Sie nicht mit dem Fahrer" –, hätte man hier um den Zusatz erweitern können: „Er hört Sie sowieso nicht."

Noch leichter missglückte die Kommunikation am Telefon. Wenn ich etwa in unserer WG den Hörer abnahm, dann rauschte und knackte und tutete es gelegentlich, als würde gerade Kontakt zu einer fernen Galaxie hergestellt – dabei ging es doch nur um *Germanija*. Besonders aufregend war so ein Gespräch, wenn ich unfreiwillig zum Spion wurde. Mehr als einmal saß mir das Leben der anderen in der Ohrmuschel. Dazu hörte ich starkes Rauschen, tiefe Stimmen und Kurzwellen-Gedudel.

Die Russen aber schienen das Telefon zu lieben – das war mir schon bei meinem ersten Besuch in Moskau aufgefallen.

Im Hause meiner Gasteltern war der Fernsprecher so etwas wie ein Familienmitglied, das schon vor dem Frühstück und noch lange nach Mitternacht Zuwendung und insbesondere Zusprache erfuhr. Es hing direkt über dem Esstisch in der Küche, und sein schriller Ton konnte Tote, aber nicht den schlafenden Vater auf der Couch wecken.

Die Mitglieder meiner Gastfamilie waren die liebsten Menschen auf der Welt, aber am Telefon hatten sie den Charme von Henkern. Offensichtlich gehörte ein schroffer Stil am Telefon in Russland zum guten Ton. Erst nachdem der Hörer wieder auf der Gabel saß, verwandelte sich die Mutter zurück in die fürsorgliche Gastgeberin und tischte mit freundlichem Lächeln den Tee auf.

Ein bisschen Mut erforderte es deshalb schon vom neu zugezogenen Ausländer, sein Anliegen – auf Russisch! – zu formulieren, wenn die Person am anderen Ende der Leitung sich nicht vorstellte, sondern nur ein kühles *„Aallo!"* in die Muschel bellte. Auch ich gewöhnte es mir schnell ab, am Telefon meinen Namen zu nennen. Es musste ja nicht jeder gleich beim ersten Wort wissen, dass ich Ausländerin war. Außerdem galt der schöne Satz „When in Rome, do as the Romans do" auch für Moskau.

Alles in meiner neuen Stadt schien mindestens zwei Nummern zu groß. Die endlosen Boulevards, die man nur unterirdisch gefahrlos überqueren konnte. Der Betondschungel, der elf Millionen Moskauer fast verschwinden ließ. Wie Mäuse in ihren Schächten bewegten sich die Menschen durch die labyrinthischen Gänge der Metro. Mich erschlug aber nicht nur die Größe der Stadt. Auch ihr Tempo. Ihre Dynamik. Ihre Atemlosigkeit. Der Planet Moskau schien sich schneller zu drehen als der Rest der mir bekannten Welt.

Jeden Tag galt es, einen Wettkampf zu bestehen. Um den Einstieg in den Metrowagen. Um einen Sitzplatz. Um den rechtzeitigen Ausstieg. In Moskau machte schon der Morgen müde. In den Nächten aber feierte sich die russische Hauptstadt, als würde die Sonne nie mehr aufgehen.

Bei meinem ersten nächtlichen Spaziergang mit Wladimir über den mehrspurigen Neuen Arbat sah ich, was ich mir immer unter Las Vegas vorgestellt hatte: Spielhöllen, Leuchtreklamen, Luxusschlitten. Vor Kasinos, deren Farben in den nachtschwarzen Himmel strahlten, postierten sich schlanke Männer in Smoking und Sonnenbrille. Aus Lautsprechern, die über den Eingängen hingen, schallte russischer Pop. Reklamefilme für Coca-Cola flimmerten über Werbeflächen, groß wie Garagentore. Karossen mit verdunkelten Scheiben rasten neben uns über den Boulevard. Sah so eine Stadt aus, in der man den Sozialismus einst zur allein seligmachenden Staatsform erklärt hatte?

Moskau erschien mir wie eine Schlange, die sich seit meinem Besuch in den Neunzigern mehrfach gehäutet, aber den Kommunismus dabei, wie ich noch merken sollte, nicht gänzlich abgestreift hatte.

Die Moskauer des 21. Jahrhunderts lebten im Zeitraffer. Sie gingen nicht durch ihre Stadt, sie eilten, als hätten sie ein ganzes Leben aufzuholen. Wladimir, der ebenfalls schnellen Schrittes neben mir ging, schien meine Gedanken gelesen zu haben. „Na, so kennst du Moskau noch nicht, oder?", sagte er, klappte den Kragen seiner Lederjacke hoch und lächelte stolz. Der Wind trug die Stimme von DJ Smash über die Straße: *„Moscow never sleeps, Moskwa, ljublju tebja, Moscow never sleeps."*

Ohne Ziel ließ ich mich Tag um Tag in der Stadt treiben. Wie ein Stamm, den ein schneller Strom mit sich gerissen hatte. Am Abend sank ich nach langen Spaziergängen todmüde auf meinen Diwan, am Morgen rissen mich singende Amerikaner aus dem Schlaf. Wladimir hatte sich als Weckruf einen

Song von REM aufs Handy geladen. Wegen der dünnen Wände begann jetzt auch mein Tag mit „Leaving New York". Das Lied ließ mich an Menschen denken, die ich für meinen Neustart in Moskau zurückgelassen hatte. *It's easier to leave than to be left behind/leaving was never my proud.*

Nun dehnte ich auf einem durchgelegenen russischen Diwan meine Glieder und sinnierte über die Zukunft. *It's quiet now and what it brings is everything.* Ich dachte an meinen Vater, der vor zwei Jahren gestorben war. Ihn hatte der Krieg in die Sowjetunion geführt, bei mir war es das Fernweh.

In meinem fränkischen Heimatdorf Obereuerheim kamen die Leute auf *die Russen* vor allem dann zu sprechen, wenn sie sich an vergangenes Leid erinnerten. Für mich waren *die Russen* meine Mitbewohner, meine Nachbarn, meine Kollegen. Die junge Mutter auf dem Spielplatz vor der Tür. Der alte Mann mit Hut, der an der Metrostation Blumensträuße feilbot. Der Bodyguard, der sich am Neuen Arbat vor dem Nachtclub aufbaute. Aus Feinden waren einfach nur Fremde geworden.

Mein russischer Chefredakteur hieß Podwigin. *Podwig* bedeutet Heldentat, und tatsächlich hatte es etwas Heldenhaftes, als Russe eine deutschsprachige Zeitung aus der Taufe zu heben. Podwigin war ein groß gewachsener Mann mit Halbglatze und brauner Brille. Er legte Wert auf Umgangsformen, ohne in geringster Weise steif zu wirken. Jeden Morgen schüttelte er den männlichen Kollegen die Hand. Mir und den anderen Redakteurinnen nickte er nur freundlich zu. Russen, die auf sich hielten, grüßten Frauen nicht mit Handschlag. Dafür hatten sie den Handkuss noch nicht verlernt. Jahr für Jahr, so verrieten mir meine Kollegen, versorgte Podwigin die Journalisten mit rotbackigen Äpfeln von seiner Datscha.

In den ersten Wochen lernte ich: Es war sehr leicht, Russen in ihrem Stolz zu verletzen. Kritik an politischen Machtspielen konnte leicht als Kritik an den Menschen missverstanden werden. Zwar fühlte ich mich als *nemka*, Deutsche, in Moskau herzlich willkommen. Doch harsche Worte von einem *inostranjez*, einem Ausländer, trafen schnell ins Mark. Da die Kollegen jedoch allesamt kritische Köpfe waren, gab es in Redaktionskonferenzen immer wieder heiße Diskussionen und manchmal dicke Luft.

Dass aber auch Russen ihr Land in die Mangel nehmen, lernte ich von meiner russischen Journalistenkollegin Natascha.

Mit schwarzem Fransenpony, perfektem Make-up und extravaganter Mode wirkte sie oft, als käme sie gerade von einer Ausstellungseröffnung. In Moskau bewegte sie sich wie der Fisch im Wasser. Wusste immer, wo neue Clubs eröffneten, wann wichtige Premieren anstanden oder wer mit wem in der Kulturszene verbandelt war. Natascha war ständig unterwegs, besuchte eine Vernissage nach der anderen und war verrückt nach Ballett. Sie schimpfte mit Leidenschaft über das russische Fernsehen, schlechte Literatur oder die neue Schuhmode und liebte es, über ihre Landsleute zu scherzen.

Gelegentlich warnte sie unsere männlichen Praktikanten davor, sich auf russische Mädchen einzulassen: „Manche Frauen, die mit Ausländern gehen, lieben deren Pass mehr als den Mann." Natascha selbst flog häufig nach Berlin und sprach ausgezeichnet *po-nemezki*. Ob hinter den guten Sprachkenntnissen wohl ein deutscher Liebhaber steckte?

„Ausländische Journalisten reduzieren Moskau gerne auf Geldgier und Glamour. Diese Oberflächlichkeit ärgert mich", verriet sie mir eines Abends, als wir uns nach der Premiere eines Stücks des Schriftstellers Wladimir Sorokin an Käse, Fisch und Ananas labten. „Andererseits verlieren die klugen

Köpfe hier an Einfluss. Heutzutage kann man sich in der russischen Gesellschaft am besten unterhalten, wenn man zwei Themen ausklammert." „Und welche wären das?" „Politik und Religion." Natascha biss in einen Schaschlik-Spieß und wischte sich mit einer Serviette das Fett von den Lippen. „Wenn du damit anfängst, kannst du es gleich vergessen."

Nach unserem zweiten Büffetgang nahm sie mich verschwörerisch zur Seite: „Hast du nächsten Sonntag Zeit? Dann führe ich dich zu einem Ort. Ich sage dir, so etwas hast du noch nie erlebt." In diesem Moment wurde Natascha – Küsschen links, Küsschen rechts – von einer befreundeten Journalistin begrüßt und die Andeutung verlor sich im Small Talk.

„Warst du schon auf dem Honigmarkt?", fragte mich Christian am nächsten Morgen in der Redaktion. Ich zerbrach mir gerade den Kopf darüber, welche Themen ich in das nächste Feuilleton nehmen könnte. „Vielleicht wäre der Markt etwas für unsere Ausgehbeilage", sagte ich, und Christian nickte: „Wenn du willst, können wir zusammen hingehen." Eigentlich mochte ich Honig nicht besonders. Aber ich mochte seinen Vorschlag.

Als ich am nächsten Wochenende mit Christian nach Kolomenskoje fuhr, wurde mir bewusst, dass ich das erste Mal einen Moskauer Park betrat. Auch wenn ich in den letzten Wochen unablässig unterwegs gewesen war, hatte ich doch kaum einen ruhigen Moment im Grünen verbracht. Die Sonne schien durch die Baumkronen und ein leichter Wind wehte.

„Kolomenskoje war die ehemalige Sommerresidenz der Zaren", erklärte Christian, hängte sich seine Cordjacke um die Schulter und deutete in die Ferne. „Das ist die Kirche der Madonna von Kasan." Hinter den Bäumen sah ich blaue Kuppeln mit goldenen Sternen. Wir setzten uns ins Gras.

„Tut das gut", ich atmete tief durch, „keine Autoabgase und diese Ruhe!" Über uns sprang ein Eichhörnchen durch die Baumkrone. „Hier lerne ich Moskau von einer ganz anderen Seite kennen. Danke für die Einladung." Christian lächelte und schwieg. Ich ließ ein paar Grashalme durch meine Finger gleiten.

An uns vorbei liefen Menschen Richtung Metro, die schwer an ausgebeulten Tüten trugen. „Schau dir diese Honigjäger an", Christian streckte sich. „Offensichtlich kaufen sie hier gleich die Jahresration." Als ich die vielen Tüten sah, fragte ich mich, warum die Russen ihren *mjod* wohl so liebten.

Auf einer kleinen Anhöhe des Parks reihten sich die weißen Zelte der Honigverkäufer aneinander. Die Imker stammten aus allen Teilen Russlands und verschiedenen Ländern der ehemaligen Sowjetunion. Es gab Usbeken, Aserbaidschaner, Tadschiken. An manchen Ständen klebten Fotos der Region, in der man den Honig gewonnen hatte. In weißen Kitteln standen die Imker hinter ihren Töpfen und führten die Marktbesucher in die klebrige Versuchung.

„Probieren Sie das abchasische Viagra!", lockte uns ein Mann mit dichten Augenbrauen. Sein schwarzer Schnurrbart stand ihm wie ein kleiner Besen im Gesicht. Als wir näher kamen, rief er mir zu: „Ihr Mann ist ja noch jung und stark. Aber wie wär's mit Akazienhonig? Der hilft gegen Rheuma und Rückenschmerzen. Wirkt aber auch bei Halsschmerzen wahre Wunder. Probieren Sie." Ich schaute zu Christian. Statt peinlich berührt zu sein, grinste er wie das sprichwörtliche Honigkuchenpferd.

Der abchasische Händler tauchte zwei Plastikstäbchen in die goldgelbe Masse, reichte sie uns und strich erwartungsvoll über seinen Schnurrbart. „*Nu tschto?* Na, also?" „Mmmh, nicht schlecht, aber ich möchte mal Ihren Eukalyptushonig probieren", meinte Christian. „*Poschalujsta,* aber bitte sehr, mein Herr!" Der Mann machte eine kleine Verbeugung und steckte ein neues Stäbchen in den entsprechenden Topf.

Der Akazienhonig war nicht mein Fall, aber die Eukalyptus-Variante gefiel mir sofort. „Der schmeckt ja wie ein Hustenbonbon." Je länger wir über den Markt streiften, desto mehr bereute ich es, Honig in meinem bisherigen Speiseplan so vernachlässigt zu haben.

Die gelbe Vielfalt war überwältigend und ersetzte, wenn man den Händlern glauben konnte, die gesamte Hausapotheke. *Mjod* half gegen Tod und Teufel, beförderte Liebesglück und Fruchtbarkeit. Es gab Honig für Manneskraft und Frauenlust und – meine Liebe auf den ersten Löffel: Zarenhonig! Zitronengelb, zähflüssig und herrlich cremig. Ich kaufte ein halbes Kilo und trug es stolz von dannen. Christian ließ sich ein halbes Kilo Eukalyptushonig einpacken. „So, und jetzt werden wir hundert Jahre alt!", witzelte er. „*Da*", sagte ich nur und spürte, wie sehr ich den Nachmittag genossen hatte.

Auf dem Heimweg fuhren wir noch ein Stück gemeinsam Metro. Meine Station Bagrationowskaja lag auf der gleichen Linie wie die Kiewskaja, an der Christian aussteigen musste. „Wie gefällt es dir eigentlich in deiner WG?", fragte er mich, während wir mit unseren Honigtöpfen auf dem Schoß durch die Moskauer Unterwelt ratterten. „Ach, eigentlich ganz gut. Wenn da bloß nicht mein dritter Mitbewohner wäre." „Dein dritter Mitbewohner?" Christian sah mich verständnislos an und lächelte amüsiert, als ich ihn aufklärte: „Na ja, Ben ist eine Ratte."

Bis er aussteigen musste, schmiedeten wir böse Pläne, wie ich den unliebsamen Hausgenossen am unauffälligsten loswerden könnte. „Setz' ihn doch aus oder schmeiß' ihn heimlich aus dem Fenster. Oder nimm ihm das Futter weg und lass ihn aushungern", schlug Christian vor. „Oder ich verkleide mich als Polizist und konfisziere ihn." „Nein, komm lieber als Tierschützer und postiere dich mit einem Transparent vor unserer Tür, *Free Ben.*" „Ja, genau, ich protestiere, weil sein Käfig nicht den Mindestanforderungen für Hausratten entspricht."

Schneller als mir lieb war, fuhr unser Wagen in die Kiewskaja ein. „Und wie wohnst du?", fragte ich Christian. „Ohne Vierbeiner. Ganz alleine, nur wenige Schritte vom Kiewer Bahnhof entfernt." Er nahm seine Tüte und stand auf. Als die Türen sich öffneten, drehte er sich noch einmal zu mir um: „Wenn du Lust hast ... ich meine, wenn es dich interessiert, kannst du mich gerne mal besuchen kommen."

Da unsere Zeitung nur alle zwei Wochen erschien und ich wie von Ausgabe zu Ausgabe lebte, verging die Zeit schneller, als ich mit meinem Russisch hinterherkam. Leider verfeinerte nicht nur Wladimir sein Deutsch mit mir. Auch meine Moskauer Kollegen sprachen so flüssig *po-nemezki,* dass ich kaum wagte, auf Russisch radezubrechen. So war es auch mit Natascha.

„Du, sag mal, an welchen Ort wolltest du mich eigentlich führen?", fragte ich sie, als wir Ende des Monats gemeinsam beim Mittagsbuffet saßen. Sie hatte den halben Teller voll *gretschka* geladen, eine russische Spezialität, mit der ich mich bislang noch nicht hatte anfreunden können. Eine graubraune Grütze aus gekochten Buchweizenkörnern war nicht meine Vorstellung von einem leckeren Gericht.

„*Oh, eto wkusno,* das ist lecker", versuchte Natascha mich zu überreden. „*I otschjen polesno,* sehr gesund." „Für mich steht das G in Gretschka für geschmacksneutral", sagte ich schnell, bevor Natascha mir doch noch ihre gesunde Grütze aufdrängen würde. „Da hole ich mir lieber noch einen Teller *borschtsch* und frische Melonen." Die berühmte Rote-Beete-Suppe und die baseballschweren Wasserfrüchte, die meist

Händler aus Zentralasien und dem Kaukasus verkauften, waren in zwei Monaten Moskau zu meinen Lieblingsspeisen geworden. Auf die allseits beliebten *pelmeni*, mit Hackfleisch gefüllte Teigtaschen, musste ich als Vegetarierin leider verzichten. Dafür begeisterte ich mich für *Piroggen*, ein herzhaftes Fettgebäck, das oft mit Fleisch, aber auch mit Pilzen, Kartoffeln oder Kohl gefüllt wurde.

„Hast du schon mal etwas von *Kwartirnik* gehört?", fragte Natascha, als ich mit der dampfenden Rote-Beete-Suppe zurück an den Tisch kam. Ich schüttelte den Kopf. „Das ist Kunst im privaten Raum. In der Sowjetunion trafen sich Künstler zuhause, um Gemälde zu zeigen oder mit Gleichgesinnten über Gott und die Welt zu diskutieren." Während ich in meiner Suppe löffelte, zerging die *smetana*, der russische Schmand, auf der heißen Roten Beete. „Die Gespräche im geschützten Raum öffneten wichtige Hintertüren", erzählte Natascha weiter. „Besonders in diesen Zeiten staatlicher Repression." „Und heute?" „Kunst im Wohnzimmer gibt es immer noch – wenn man weiß, wo man suchen muss." Natascha grinste. „Aha, und dorthin möchtest du mich entführen?" *„Konetschno.* Natürlich."

Ich traf Natascha am darauffolgenden Sonntag am Kursker Bahnhof. Sie war ganz in Schwarz gekleidet und trug einen großen Hut, unter dem sie wie eine Diva aussah.

Ein scheppernder Aufzug führte uns hinauf zur Wohnung des Ausnahmekünstlers. Sein Name war German Winogradow, so viel hatte Natascha mir bereits verraten. Die Tür war nur angelehnt. Gleich am Eingang standen etwa zwanzig Paar Schuhe. „Hoffentlich hat es noch nicht angefangen", murmelte ich. „Keine Angst", sagte Natascha. „Du wirst noch alles sehen." Die Wohnung war dunkel, die Luft stickig.

German Winogradow stand groß und glatzköpfig im Raum. Er war barfuß, seine Beine steckten in Boxershorts.

Ein Mann wie ein Baum, eine Mischung aus Gladiator und Zeremonienmeister, dachte ich sofort. Von der Decke hingen Mobile aus Metall, überdimensionale Schellen und Rohre, die wie Orgelpfeifen den Raum durchschnitten. Um die bizarren Gebilde scharten sich Menschen im Halbkreis. „Niemand wirbt öffentlich für diese Performance, doch es gibt hier immer mehr Publikum als Plätze", flüsterte Natascha, als wir uns am äußersten linken Rand setzten.

Die Töne, mit denen der Künstler in der folgenden Stunde den Raum erfüllte, schienen einige Besucher in Trance zu versetzen. Sie schlossen die Augen, als Rohre und Schüsseln unter Winogradows Händen zu summen, ja zu singen begannen. Er rieb, schlug und klopfte an das Metall, spielte Gitarre und rezitierte Gedichte in lateinischer Sprache. Seine tiefe Stimme gebrauchte er, als sei sie ein eigenes Instrument. Beschwörend brummte der stämmige Russe zum Takt metallischer Klänge, dazu hörte man die animalischen Schreie einer Frau. „Keine Angst, die Dame hat lange bei Schamanen in Sibirien gelebt", sagte Natascha mir ins Ohr. Mulmig wurde mir erst, als Winogradow gegen Ende seiner Performance in der stickigen Wohnung ein Feuer entzündete. Die Flammen warfen tanzende Schatten an die Wände. Und der nächste Feuerlöscher war weit.

„Feuer ist für meine Kunst am wichtigsten", erklärte mir Winogradow ein paar Tage später beim Interview in seiner Wohnung. „Es symbolisiert die Kraft der Verwandlung." Im Tageslicht betrachtet, wirkte Winogradows Wohnung nicht mehr wie eine magische Höhle. Vielmehr erschien sie mir jetzt wie ein Museum mit ihrem Sammelsurium an Bildern, Kerzen und kuriosen Gegenständen. Hinter einem halb zugezogenen roten Vorhang sah ich Regale voller Schrauben. Auf einem Beistelltischchen stand eine Art Heiligenfigur mit Rauschebart, deren Kopf in eine Glühbirne mündete.

Es war ein Ort, an dem die schnelle Stadt zur Ruhe kam. In der Küche saß eine schwarz-weiße Katze auf der Spüle. Mit einer Handbewegung, die er nicht das erste Mal zu vollführen schien, packte Winogradow den Stubentiger und warf ihn auf den Schrank. Zirkusreif. Ich war beeindruckt und knipste ein Foto. Der Künstler und die Katze. Ein Bild für die Götter.

Winogradow trug ein ärmelloses Karohemd und war auch tagsüber imposant wie ein Feuerschlucker. Seine nackten Oberarme wirkten so kräftig, als dressiere er Raubtiere. Bald führte er mich auf seinen Balkon, unter dem die Autos den Semljanoi Wal entlangrasten. An einem dicken Rohr hatte Winogradow ein Mikrofon befestigt, das den Verkehrslärm aufnahm. „Die Geräusche wandern durch dieses Metall." Er zeigte auf das Rohr. „Dabei verwandeln sie sich, hören Sie mal." Ich legte mein Ohr an die Öffnung und lauschte sphärischen Klängen.

Der Künstler hatte den Sound der Stadt auch noch auf CD gebrannt. Eine eigentümliche Komposition aus tiefen Tönen, die ich mit nach Hause nehmen durfte. „Die schönste Konstruktion ist jene, welche den schönsten Klang erzeugt", sagte Winogradow, als wir bei einer dampfenden Tasse Tee im Wohnzimmer saßen.

„Mein Großvater war Ingenieur, mein Vater Philosoph und meine Mutter eine Frau, die aus ihrem Leben eine Kunst machte", sagte er und zeigte auf ein Porträt, das an einem zerbrochenen Spiegel klebte. „Das ist sie." Eine schwarzhaarige Schönheit. Ihre Augen verfolgten den Besucher in jede Ecke des Raumes.

Seine Instrumente hatte Winogradow aus Metallplatten konstruiert. „Ich verwandle Materie in Musik", erklärte er und schlug gegen eines der Rohre, die von der Decke hingen. Ein Klang entstand, der noch für Minuten anhielt, bis er irgendwann ins Nichts verschwand.

Winogradow war der vielseitigste Künstler, der mir bislang begegnet war. Er war Poet und Fotograf, Schauspieler und Videokünstler, Musiker und Maler. Er wirbelte durch die Moskauer Kunstwelt und Galerien im Ausland. Seine Performance-Projekte unter freiem Himmel waren an Originalität kaum zu übertreffen. Im Filjowskij Park unweit meiner WG entzündete er in Winternächten Feuerfackeln, stieg ins Eiswasser des Flusses und rezitierte Gedichte. Er ließ sich nackt durch den Schnee ziehen, während er auf seinem Bauch eine Sirene zum Heulen brachte. Auf einem alten Fernseher führte er mir Videos zu seinen Aktionen vor. „Das ist nicht extrem, sondern nur exzentrisch", kommentierte er die Bilder und lächelte schelmisch.

Auf meine Frage, was ihn am meisten geprägt habe, zitierte Winogradow Franz von Assisi: „Wahre Schönheit spiegelt sich in der Wahrheit." Geld schien für diesen Russen keine Rolle zu spielen. Er nippte an seinem Tee. „Das Beste ist, wenn die Besucher meiner Performance etwas in sich selbst verstehen. Die eigentliche Vorstellung findet im Kopf des Zuhörers statt." In diesem Moment läutete es an der Tür. Ein Filmteam stand davor, das in Winogradows Wohnung drehen wollte. Ich verabschiedete mich und trat im ratternden Aufzug die Fahrt nach unten an. Zurück in den Moskauer Abendstau. Hinein in das Konzert aus Hupen, Sirenen und quietschenden Bremsen. Niemand in den Blechkisten ahnte, dass ein Mann dieser Stadt ihre Lärm gewordene Ungeduld auf seinem Balkon in Musik verwandelte. Noch einmal blickte ich hinauf zu Winogradows wundersamer Röhre. Was der Poet Fjodor Tjuttschew über Russland gesagt hat, galt zweifelsohne auch für diesen Mann. German Winogradow war mit dem Verstand nicht zu erfassen.

Als ich am nächsten Morgen verschlafen aus meinem Zimmer trat, hörte ich ein Kratzen im Flur. Ein felliges Etwas wischte zwischen Stiefel und Hausschuhe. Die Ratte war ausgebrochen! Bevor ich schreien konnte, sauste der Nager davon – so schnell, als sei er der russische Nachfahre des amerikanischen Cartoonhelden Speedy Gonzales, der „schnellsten Maus von Mexiko". Auf nackten Füßen nahm ich die Verfolgung auf.

In der Küche sah ich, dass die Ratte bereits wieder in ihrem Käfig saß. Armer Ben! Die Freiheit machte ihm offensichtlich mehr Angst als seine verschreckte Mitbewohnerin. Seine Welt hinter Gittern war zwar klein, aber vertraut. Ich schloss die Käfigtür und ging zurück in mein Zimmer. Unbedingt musste ich bald mit meinen Jungs über den Vierbeiner sprechen. So etwas wollte ich nicht noch einmal erleben – erst recht nicht auf nüchternen Magen. Aber auf Frühstück mit Ratte hatte ich jetzt auch keine Lust mehr.

November

Auf der Moskauer Millionärsmesse entdecke ich eine neue Welt, blamiere mich auf einer Luxusyacht und schwitze zum Trost in der Banja

Seit ich in Moskau wohnte, wagte ich regelmäßig, wovor Mütter in aller Welt ihre Töchter warnen, inklusive meiner eigenen: Ich stieg zu fremden Männern ins Auto. Wenn ich ein Taxi brauchte, wählte ich keine Nummer, sondern hob die Hand. Meist hielt dann ein klappriger Lada oder ein altersschwacher Audi. Hinter dem Steuer saßen Kerle mit dunklen Haaren, gebräunter Haut und manchmal auch mit goldenen Zähnen. Männer aus den ehemaligen Sowjetrepubliken. Armenier, Kirgisen, Usbeken. Sie verlangten ein Drittel dessen, was ein offizieller Taxifahrer kassierte, boten aber doppelt so gute Unterhaltung. Schimpften über den Stau, schwärmten von ihren vier Kindern oder verrieten, was sie über den russischen Präsidenten dachten. Hin und wieder freute sich auch ein Rentner über den kleinen Nebenverdienst. Wer hielt, hatte Geld nötig. Ab dem BMW aufwärts hob man die Hand vergeblich.

Nein, ich war nicht lebensmüde. Ja, ich wusste, dass in einem Schiguli auch mal ein Serienmörder sitzen konnte. Aber mich beruhigten mein gutes Bauchgefühl und die Tatsache, dass schwarze Taxis schon in der Sowjetunion ein beliebter Service waren. Auch heute sausten viele Moskauer so durch ihre Stadt. Männer und Frauen. Tag und Nacht.

Natürlich wägte ich ab, zu wem ich mich in die rollende Kiste setzte. Meine wichtigste Faustregel hieß: Je langsamer das Auto heranfuhr, umso lieber stieg ich ein. Denn in den älteren Modellen fehlte meist der Sicherheitsgurt, und dann hatte es Vorteile, nicht schneller als der Schall zu sein. Viele Fahrer fühlten sich leider in ihrem Stolz verletzt, griff ihr Gast zum Gurt. Auch wenn ich mich dann mit deutschem Ordnungssinn herauszureden suchte – ein Satz stand ihnen unweigerlich auf der Stirn geschrieben, und manchmal sagten sie ihn auch: „Trauen Sie etwa meinen Fahrkünsten nicht?"

Ehrlich gesagt, nein. In Moskau ersetzte die Hupe des öfteren die Bremse. Ein Blinker schien hier so überflüssig wie der menschliche Blinddarm. Oft kam das Leuchtsignal weder beim Ausparken noch beim Spurwechsel zum Einsatz. Ganz abgesehen davon, dass markierte Spuren auf den breiten Boulevards sowieso Seltenheitswert hatten. Aber seit meiner ersten Taxifahrt vom Moskauer Flughafen überraschte mich auch das nicht mehr. Inzwischen hatte ich gelernt: Wer sich in Moskau an Verkehrsregeln hielt, galt als Weichei.

Besaß ein Auto wider Erwarten einen Gurt, hielt ihn der Fahrer allenfalls zum Schein an die Brust – wenn ein Polizist in der Nähe auf Verkehrssünder lauerte. Viele Männer verließen sich lieber auf göttlichen Beistand als auf irdische Technik. Schlugen Kreuzzeichen, wenn sie eine Kirche passierten. Klebten sich Ikonen oder Koransuren ans Armaturenbrett. Oder ließen Rosenkränze von der Decke baumeln. Es war traumhaft, mit einem vorsichtigen Fahrer durch die Moskauer Nacht zu kurven. Aber traumatisch, mit verkappten Formel 1-Piloten unterwegs zu sein, die am Steuer SMS tippten oder übers Telefon mit der Freundin turtelten.

Auch wenn ich in der russischen Hauptstadt ohne Auto war und es zu meiner persönlichen Sicherheit vorerst bleiben wollte, hätte auch ich einen Zusatzverdienst gut gebrauchen können. Das Leben in Moskau war Luxus. 350 Euro kostete allein mein WG-Zimmer in der Platte. Auf den Speisekarten der Restaurants gab es kaum ein Hauptgericht unter zehn Euro. Und für einen Latte macchiato musste man schon in Kaffeehausketten sechs Euro auf den Tisch legen. Um bei der russischen Bedienung keine Verwirrung zu stiften, empfahl es sich, das Getränk keinesfalls italienisch auszusprechen, sondern mit einem betont langen e – *Latteee*.

Immer wieder hörte ich Russen über Moskau schimpfen. Zu groß, zu laut, zu teuer, hieß es da. Trotzdem traf ich nie auf einen Bewohner dieses Molochs, der nicht auch gehörig stolz war, in der Hauptstadt und somit im Herzen des größten Staats der Welt zu wohnen. Eine Hassliebe, die ich bald gut nachvollziehen konnte. Was nahm man nicht alles in Kauf, um auf Planet Moskau zu leben: stinkende Treppenhäuser, rasende Russen und eine Ratte als Mitbewohner.

Doch es gab eine Spezies in der Stadt, der die Preise gar nicht hoch genug sein konnten. Zu ihnen geisterte ein Begriff aus den Neunzigern noch immer herum: *Nowij Russkij*, die neuen Russen. In Moskau, so hatte ich einmal in einem Magazin gelesen, wohnten mehr Dollarmillionäre als in jeder anderen Stadt auf der Welt. Wie aber kam es, dass ich in gut zwei Monaten Moskau noch keinem Einzigen begegnet war? Das musste ich ändern.

Eine Veranstaltung, die jedes Jahr in der russischen Hauptstadt über die Bühne ging, schien dafür wie geschaffen: *The Millionaire Fair*, die Moskauer Millionärsmesse. Noch in den Neunzigerjahren sollen sich dort Männer mit Dollarkoffern getummelt und Großeinkäufe getätigt haben: Juwelen, Hubschrauber, Luxuskarossen. Das *standardnij bilet*, die Eintrittskarte für Normalsterbliche, lag bei 1800 Rubeln, knapp 70 Euro.

„Morgen gehe ich Millionäre suchen", erzählte ich Christian, als wir nach einem langen Arbeitstag zu zweit die Redaktion verließen. „So, so", sagte er nur und grinste vieldeutig.

„Na ja, es ist nicht so, wie du denkst", gab ich zurück. „Ich bin rein dienstlich unterwegs."

Was zieht man zu einer Millionärsmesse nur an? Ratlos stand ich vor meinem sowjetischen Schrankmonster. Immerhin musste ich als Reporterin nicht zu Gucci ins GUM, um mich einzukleiden. Schließlich zog ich eine schwarze Hose und meine türkisfarbene Lieblingsbluse aus dem Regal.

Wozu auch die Aufregung? Schließlich ging es hier nicht um das Date meines Lebens. Ich wollte lediglich nach Millionären Ausschau halten. In Gedanken sah ich Christian wieder grinsen. Jetzt fehlten nur noch die Socken. Mist! Alle dunklen Paare lagen schon im Wäschebeutel. Übrig waren bordeauxfarbene und dünngelaufene hellbraune Einzelstücke. Egal. Die Zeit drängte. Millionäre warten nicht.

Zur Messe fuhr ich mit der Marschrutka. So heißt in Russland der Kleinbus, der so oft hält wie eine klapprige Tram, deren Lenker es aber in Geschwindigkeit und Fahrstil mit jedem Auto aufnehmen können. Um mich von den Gefahren der Straße abzulenken, konzentrierte ich mich auf ein Gedankenspiel. Was würde ich mit einer Million anstellen? Zu einer Weltreise aufbrechen, ein Privatflugzeug kaufen oder ein Traumhaus am Meer? All diese Wünsche und mehr konnten sich die betuchten Besucher auf der *Millionaire Fair* erfüllen. Allerdings gab es dort nicht nur das Haus am Meer zu kaufen, sondern auch gleich die passende Südseeinsel.

Doch die Aussicht, Frau eines reichen Russen zu werden, war alles andere als verlockend. Zumindest wenn man Ksenia Sobtschak und Oksana Robski, den Promiautorinnen des russischen Ratgebers „Wie man einen Millionär heiratet", glauben durfte. Oksana, eine ehemalige Oligarchengattin, musste es wissen. Inspiriert von ihrem Leben auf der Rubljowka, der Moskauer Chaussee der Millionäre, hatte sie den Bestseller „Casual" geschrieben und damit die „neuen Russen" zu literarischen Helden stilisiert.

Im ersten Kapitel des Ratgebers für Möchtegerndivas empfehlen Sobtschak und Robski, sich schon bei der Trauung auf die Scheidung vorzubereiten. Für dieses Strategiespiel war ich eindeutig zu romantisch.

Am Eingang zum Messegelände empfingen vier Männer in Smoking und Fliege die Gäste. Mit Sicherheit war ich die einzige Besucherin, die nicht vor die Tür chauffiert wurde, sondern aus einer überfüllten Marschrutka stieg. Als ob dies nicht schon erniedrigend genug wäre, musste ich auf den letzten Metern noch einige Pfützen überspringen.

So gelassen wie möglich trat ich dann durch die gläserne Schwingtür in eine Welt, in die ich so gut passte wie ein Taiga-Bär in die Sahara. Gleich hinter der Eingangshalle standen Hubschrauber – jeder ein fliegendes Pendant zum Porsche, in dem sich schwerreiche Menschen leichter als Luft fühlen konnten.

An einem Tisch aus Mahagoniholz schaute ein junger Blonder mit karierter Krawatte und auf Hochglanz polierten Schuhen in meine Richtung. „Darf ich mir den mal genauer anschauen?", fragte ich und deutete auf den Hubschrauber zu seiner Linken, der im Kunstlicht noch mehr glänzte als die Händlerschuhe. „*Konetschno*, natürlich", sagte der geschniegelte Jüngling und versuchte ein Lächeln. Er hatte die Ausstrahlung von Leuten, die nichts mehr überraschen konnte.

Im Flieger roch es nach frischem Leder. Die Sitze waren weich wie Samt. Aus dem Fenster blickend bemerkte ich, wie sich zwei Damen in engen Kostümen dem Stand näherten. Echte Kundinnen! Unwillig erhob ich mich aus dem Ledersitz. Mal sehen, ob ich ihren Gesprächen lauschen konnte. Der blonde Jüngling hatte für mich jetzt keine Augen mehr. Geschäftig schwänzelte er um die beiden Damen herum.

Sie legten ihre Köpfe schräg und lachten wie Models in der Zahnpastawerbung.

„Darf ich Ihnen einen Platz anbieten?", sprach mich plötzlich ein anderer Verkäufer an. Ein Mann um die Fünfzig mit gegelten schwarzen Haaren. Er geleitete mich zu einem Glastisch, auf dem Maschinen beworben wurden, die Wein lagern und ausschenken konnten. Ein Liebhaberprodukt. Roboter für Rebläuse. Was sich als Freundlichkeit tarnte, war das perfekte Ablenkungsmanöver. Offensichtlich hatte ich keinen ausreichend großen Abstand zu den Kundinnen gehalten. Gespräche über Hubschrauber geboten Diskretion.

Beim Gang über die Messe staunte ich alle paar Meter über ein neues Produkt. Nicht so sehr wegen des Preises. Schließlich bestand die Kundschaft hier nicht aus Schnäppchenjägern. Vielmehr tat sich vor mir eine gänzlich neue Konsumwelt auf: Spielzeug für Superreiche sozusagen.

Im Angebot waren Schachfiguren aus Mammutzahn, mit Brillanten besetzte Sektkühler und Laptopgehäuse aus Gold. Hie und da stellte ich eine Frage, die eigentlich überflüssig war: *„Skolko eto stojit?* Was kostet das?"

Die Antwort stand schon vorher fest: zu viel. Das Einzige, was ich mir hier leisten konnte, war eine Kugel Mövenpick. In den Warenkatalogen allerdings wirkten die Preise lächerlich klein, denn niemand hatte sich die Mühe gemacht, alle Nullen zu drucken. Da stand einfach nur 1,3 oder 2,6, und jeder wusste: Gemeint waren Millionen.

Noch bemerkenswerter als die Ware war ihre Präsentation. Am meisten galt dies für die Autos. Vor einem Hummer stand eine junge Frau mit Pferdeschwanz, weißem Tank-Top und Khaki-Shirt. Wenn ein Messebesucher vor dem Straßenkreuzer stehen blieb, richtete sie einen Revolver auf ihn, zielte und ließ die Waffe wieder in der Seitentasche ihrer Shorts verschwinden. Ich fragte mich, welche Männerfantasie wohl für diese Inszenierung Pate gestanden hatte. Einige Meter weiter thronte ein Mädchen mit toupiertem Blondschopf auf einem Chrysler. Mit ihren überlebensgroß geschminkten Kulleraugen und dem bonbonfarbenen Petticoat wirkte sie wie eine Puppe.

In der Nähe eines kleinen Cafés räkelten sich auf antiken Sofas langbeinige Frauen mit paillettenbesetzten Kleidern im Stil der Zwanziger. Glockenhüte saßen auf ihren Köpfen, um ihre Hälse hingen Perlenketten und Federboas. Geföhnte Windhunde dösten zu ihren Füßen. Eine exklusive Mischung aus Renaissance und Orient. Doch für einen Shimmy oder Charleston wirkten die Damen zu schläfrig.

Ich traf Journalisten, Touristen und Talkshow-Stars. Aber Millionäre? Fehlanzeige. Auch wenn der Name der Messe anderes vermuten ließ: Waschechte Superreiche gingen hier offensichtlich nicht auf Shoppingtour. Schon wollte ich mich enttäuscht vom Acker machen – da entdeckte ich die Yachten. Kreideweiß oder elfenbeinfarben glänzten sie im Kunstlicht. Einmal im Leben sollte man so etwas doch von innen gesehen haben. Und da ich einen Mann nie wegen seiner Millionen heiraten würde, war dies womöglich meine letzte Chance.

Schnell hatte ich mir das passende Modell ausgeguckt: Die „Princess 95 Motor Yacht." Kostenpunkt: vier Millionen Pfund. „Dürfte ich in so eine ... Princess mal hineingehen?", wandte ich mich an den davor postierten Mann im seidig schimmernden Zweiteiler, der gelangweilt durch ein Prospekt blätterte. „Ich bin Journalistin", fügte ich sicherheitshalber noch hinzu. „Selbstverständlich", sagte der Mann höflich und geleitete mich die ersten Stufen nach oben, wo das Prachtstück über den Besuchern thronte. „Dürfte ich Sie aber bitten, Ihre Schuhe auszuziehen?" „Kein Problem." Ich lächelte süß, beugte mich nach unten, und da dämmerte es mir: meine Socken! Jetzt rächte sich, dass ich so schnell aus dem Haus gestürzt war. Sollte ich schnell umkehren, die Aktion abblasen, die Gelegenheit verstreichen lassen? Nein, beschloss ich. Da musste ich jetzt durch.

Am Eingang zur Yacht stand ein zweiter Herr mit graumeliertem Haar und perfekt gezwirbeltem Schnurrbart. Er nickte mir zu. So schnell ich konnte, streifte ich den einen Schuh von der bordeauxfarbenen und den anderen von der hellbraunen Socke und betrat das Heiligtum. Vor Scham vermied ich es, den beiden Herren auch nur ein einziges Mal in die Augen zu sehen, geschweige denn nach unten auf mein Socken-Duo. Trotzdem war ich mir sicher, dass sie nichts anderes im Blick hatten.

Auf einem eleganten Holztisch, der matt schimmerte wie ein neuer Spielwürfel, stand ein Strauß weißer Rosen. Wie die lederne Sitzgarnitur hatte auch der Yacht-Teppich die Farbe von frischem Karamellpudding. Auf diesem Untergrund musste das Bordeaux meiner linken Socke besonders gut zur Geltung kommen, überlegte ich. Zumindest für die hellbraune rechte Socke wirkte die Karamellfarbe als notdürftige Camouflage.

Eigentlich hätten mich Badezimmer und Schlafgemach der Yacht noch interessiert, aber die Scham besiegte die Neugier. So drehte ich noch eine Höflichkeitsrunde über den Karamellteppich, kehrte um und wäre am Eingang fast gestolpert, weil ich krampfhaft in die Luft guckte, als müsste ich die beiden Herren noch davon überzeugen, dass alles Gute tatsächlich von oben kommt. *„Bolschoie spassibo*, vielen Dank", murmelte ich und zog mir schnellstmöglich meine Stiefel über. Dann machte ich mich eilig von den Skandalsocken.

Als ich am kommenden Wochenende gerade eingeseift unter der Dusche stand, piepste mein Handy. Es war Christian.

„Lass uns bei den Blumen treffen", schrieb er und dahinter die Adresse eines Marktes, der in der Nähe seiner Wohnung lag. So halb hatte er mich ja nach dem Honigmarkt schon zu sich eingeladen. Trotzdem überraschte mich die SMS in diesem Moment.

Die Metro Kiewskaja lag an der Ringlinie. Es war eine der prächtigsten Stationen der Stadt. Kronleuchter hingen von der Decke. Mosaike an den Wänden beschworen die russisch-ukrainische Freundschaft, zeigten Lenins Konterfei, glückliche Pioniere oder den Dichter Puschkin.

Am Bahnhof gab es Zeitschriftenstände, Fastfood-Buden und Obdachlose. Außerdem ein reges Marktleben. Bereits im zugigen Metroausgang standen Frauen mit Kopftüchern und angeschmutzten Schürzen. Eine Händlerin hielt dicke Büschel Schnittlauch in ihren rissigen Händen. *„Nedorogo*, nicht teuer!*"*, rief sie in einem eigentümlichen Singsang. Eine andere bot Zitronen an. *„Limontschiki. Nedorogo, nedorogo"*, sang auch sie vor sich hin.

Vor den Türen standen Frauen mit weißen Haaren und krummen Beinen. Sie hatten sich in eine lose Reihe gestellt und streckten den eilig vorbeihuschenden Passanten ihre Waren wortlos entgegen: geblümte Blusen mit Schulterpolstern, seidige Nachthemden, Schlafanzüge für Kinder und Pullover, die aussahen, als würden sie kratzen.

Als ich zu den Blumen kam, riefen die Händler: *„Sweschije rosi*, frische Rosen!*"* und versuchten, mich in ihre duftenden Geschäfte zu locken. Inmitten von Blumenköpfen und Geburtstagssträußchen suchte ich nach Christian, konnte ihn aber nirgends entdecken.

Die Gegend um den Bahnhof ließ mich an einen Hafen denken. Hinter einem Meer aus Schnittblumen erhob sich ein Gebäude, geformt wie ein Kreuzfahrtschiff. Und es brauchte nicht viel Fantasie, um die weißen Vögel, die hoch über dem Markt kreisten, für Möwen zu halten. Als ich ihren Flug am Himmel verfolgte, spürte ich eine Hand auf meiner Schulter. „Hier bin ich." Ich drehte mich um und sah in blaue Augen. Christian trug seine braune Cordjacke, das Haar wirkte sehr blond in der Abendsonne. „Gut, dass ich dich noch gefunden habe", sagte ich. „Oder vielmehr du mich." Christian lächelte und zeigte auf die andere Seite des Marktes. „Meine Wohnung liegt da hinten. Gleich um die Ecke."

Als wir an einem *Produkti* vorbeikamen, blieb er stehen. „Warte, ich möchte hier noch Wasser kaufen." In dem kleinen Lebensmittelladen, wie es sie in Moskau an jeder Metro gab, roch es streng, ohne dass ich hätte sagen können, wonach. In den Regalen standen Milch, Joghurt und Brot, aber auch Wodka und Zigaretten sowie in Plastikfolie eingeschweißte Fertiggerichte mit Fleisch und blassen Pommes. Die Dame hinter der Kasse hatte schwarzes Haar, das an der Wurzel hellbraun nachwuchs. Mit gleichgültiger Miene nahm sie die Bestellung auf und holte aus einem Hinterzimmer eine Fünfliterflasche. Während Christian ihr dreißig Rubel reichte, wandte sie sich bereits an den nächsten Kunden. „*Sluschaju*, ich höre." „Wodka und Zigaretten", brummte der bärtige Mann hinter uns.

„Meinst du, die Dame kann auch lächeln?", frage ich Christian auf der Straße. „Ich glaube nicht, dass ich es noch erleben werde." Freundlichkeit gehörte in Russland nicht selbstverständlich zur Dienstleistung, das hatte ich mehrfach beobachtet. Auch galt der Kunde nicht als König, bestenfalls als ein Mensch, der um eine Audienz bei einem solchen bat. Das Lächeln sparten sich die Russen offensichtlich für Freunde und Familie auf. Was den angenehmen Nebeneffekt hatte, dass ich mich hier zu keiner Höflichkeitsfloskel zwingen musste. „Moskau hat einen Rüpel aus mir gemacht", verriet mir einmal ein Brite, der bei UNICEF arbeitete. „Wenn ich in

England bin, schimpfen die Leute, weil ich mich vordrängle oder nicht gleich entschuldige, wenn ich jemanden versehentlich trete."

Am Eingang zu Christians Haus saß eine *deschurnaja*, eine Pförtnerin. Die Frau hatte einen faltigen Hals und gekräuseltes Haar. Wie sie so gebückt in ein Rätselheft schrieb, erinnerte sie mich an eine Schildkröte. Vor ihr auf einem kleinen Schwarzweißfernseher tanzte der russische Popstar Dima Bilan. „*Strastwujte*, guten Tag", grüßten wir. Die *deschurnaja* lugte über die Ränder ihrer Brille und musterte mich misstrauisch.

Im neunten Stock angekommen, schloss Christian die bordeauxrot gepolsterte Tür zu seiner Wohnung auf. „Willkommen!" Wohnzimmer und Küche sahen viel moderner aus als die Einrichtung meiner WG. Aber auch hier gehörten wuchtige dunkle Schränke zum Inventar, das die Vermieterin ihm überlassen hatte. An einem Sofa lehnte ein schwarzer Gitarrenkasten, und die Tür gegenüber öffnete auf einen Balkon.

Christian holte zwei Flaschen Bier aus dem Kühlschrank und stellte Stühle hinaus. Unter uns lag die *Mir zwetow*, die „Blumenwelt". Hinter den Wohnhäusern ragte die Spitze des russischen Außenministeriums hervor. Selbst ein Stück des Weißen Hauses war zu sehen, dem Sitz der russischen Regierung.

„Mensch, ist das toll hier."

„Ja, es gibt schlechtere Plätze in dieser Stadt." Christian reichte mir eine Flasche Baltika. Über den Dächern war es ruhig. Ich hielt mein Gesicht in die letzten Sonnenstrahlen des Spätherbstabends.

„Das Außenministerium ist eine von sieben Stalinschwestern in Moskau. Du hast wahrscheinlich schon davon gehört, dass Stalin diese monumentalen Zuckerbäckerbauten errich-

ten ließ. Sie repräsentierten die Siegermacht Sowjetunion."
„Ich finde, sie passen zu Moskau." Wir blickten eine Weile
schweigend in den Himmel.

„Du spielst Gitarre?", fragte ich dann.

Christian nickte nur.

„Was zum Beispiel?"

„Rock, Pop, ein bisschen Flamenco."

„Hast du das in Madrid gelernt?"

„Genau." Christian nickte wieder.

„Ich würde gern mal was hören. Gibst du mir eine Kost-
probe?"

„Was, hier?"

„Warum nicht?"

Christian stand auf und holte seine Gitarre aus dem
Kasten. Als er die ersten Töne anschlug, dachte ich an eine
Flamenco-Bar in Madrid. Dort hatte ein Mann mit nacht-
schwarzen Locken von einer verlorenen Liebe gesungen.

„Ich glaube, ich bin in Moskau genau richtig", sagte ich,
als Christian zu spielen aufhörte. „Kennst du das? Man
kommt an einen neuen Ort, und dort hört oder sieht man etwas und denkt an die Vergangenheit. In solchen Momenten
fühlt es sich für mich an, als ob alles im Leben nahtlos inein-
ander übergeht. Als ob es so sein müsste."

„Mich hat es zufällig nach Moskau verschlagen", sagte
Christian. „Ich bin gespannt, wie es danach weitergeht. Aber
meist tut sich etwas Neues auf. Am besten, man zerbricht
sich nicht den Kopf über die Zukunft. Möchtest du noch ein
Bier?"

Die Stunden auf dem Balkon flogen vorbei wie die Wolken über uns. Erst als nach und nach die Lichter in den Wohnungen angingen, wurde mir bewusst, dass es bereits spät
am Abend war. „Hast du Lust, heute noch höher hinauszu-
kommen?", fragte Christian plötzlich. „Nicht weit von hier gibt
es die Red Bar mit einer tollen Aussicht auf die Stadt." Und

so kam es, dass ich mit meinem Schweizer Kollegen den ersten Moskauer Cocktail trank.

Mitte November zeigte sich Moskau von der ungemütlichen Seite. Die Spitzen der Stalinschwestern verschwanden im Nebel. In dieser unwirtlichen Zeit kündigte sich mein erster Besuch aus Deutschland an. Anja.

Wir hatten gemeinsam in Bamberg studiert. Inzwischen unterrichtete meine Freundin selbst an der Universität. Mit hochgestecktem Haar, festen Schuhen und ausgebeultem Rucksack kam sie mir am Flughafen Domodedowo entgegen. Sie lachte schon von Weitem. Es war einer dieser Momente, in denen die Welt zusammenschnurrt. Jetzt war sie so klein, dass zwischen Deutschland und Russland nur noch zehn Schritte lagen.

In den folgenden Tagen wirkte Moskau wie die Kulisse eines Spionagefilms aus der Zeit des Kalten Krieges. Wir sahen den Roten Platz, den Gorki-Park und die Christi-Erlöser-Kathedrale wechselweise im Regen, Dunst und Nebel. In fünf Tagen kam die Sonne kein einziges Mal heraus, als fürchtete sie, den Regisseur mit Gute-Laune-Wetter zu verärgern. „Ich habe mir Moskau immer grau vorgestellt", sagte Anja, als wir bei einem *Latteee* in der Kaffehauskette *Schokoladniza* saßen. „Oje, und jetzt bestätigt die Stadt sämtliche Klischees." „Nein", Anja schüttelte den Kopf, „ich bin ehrlich beeindruckt und froh, in Russland zu sein. Habe ich dir schon erzählt, dass ich mein Kind später einmal Juri nennen möchte, Juri wie der Arzt aus ‚Doktor Schiwago'?"

Das einzige Licht am Himmel kam von den goldenen Kuppeln der Kremlkirchen. Als ich mit Anja über das Areal spazierte, waren nur wenige Touristen unterwegs. „Drinnen müssen Frauen ihren Kopf bedecken, oder?", fragte Anja und schlug sich schon ihr Halstuch um die Haare. Ich behalf mich mit der Kapuze meiner Herbstjacke.

Die warmen Farben der Ikonen leuchteten im Kerzenlicht. Der Heiligenschein langbärtiger Gestalten wirkte, als
ginge hinter ihrem Haupt ein Vollmond auf. Mit einem Mal
hob ein Frauenchor zu singen an. So schön, als kämen die
drei Damen direkt aus dem Himmel. Doch keine Minute
später verstummten sie und verkauften CDs. Anja flüsterte:
„Erst singen sie wie die Engel, und dann wird abkassiert."

Wir liefen ein paar Schritte weiter zur Uspenski-Kathedra-
le. „Ladies and Gentlemen, Sie stehen im ältesten vollständig
erhaltenen Gebäude Moskaus", erklärte ein englischer Führer mit Regenschirm, als wir ins Innere traten. „Hier werden
die Moskauer Metropoliten und die Patriarchen der russisch-
orthodoxen Kirche beigesetzt. 1896 krönte man hier in einer
prunkvollen Zeremonie die letzten Zaren: Nikolaus den Zweiten und seine Gattin Alexandra Fjodorowna, eine gebürtige
Deutsche."

Anja und ich stellten uns unauffällig in die Nähe der Rei-
segruppe. „Bestimmt haben Sie schon von Grigori Rasputin
gehört." Jetzt kicherten einige Touristen. „Er brachte es vom
einfachen Wanderprediger zum Arzt am Zarenhof. Ihm sagte man nicht nur eine besondere sexuelle Potenz nach, sondern auch ein Verhältnis mit der Zarin. Deshalb wurde er
umgebracht. So wie die Zaren selbst, die 1918 nach der Oktoberrevolution von den Bolschwiken erschossen wurden."
Als wir die Kirche verließen, fragte ich Anja: „Kennst du das
Rasputin-Lied von Boney M.?" Sie schüttelte den Kopf und
ich sang: *„Ra Ra Rasputin, lover of the Russian queen, Ra Ra
Rasputin, Russia's greatest love machine."*

„Weißt du, was bei diesem Wetter am besten ist?" Anja sah
mich auf der Metrorolltreppe am Revolutionsplatz erwartungsvoll an. „Vielleicht eine heiße Tasse Tee?" „Noch besser.
Ein heißer Ort." Der Zug fuhr ein, die Türen öffneten sich.
Menschen strömten hinaus, Menschen strömten hinein. Un-

aufhaltsam wie Ebbe und Flut. „Komm!" Ich zwängte mich hinter einem klein gewachsenen Mann in den Wagen. Anja hatte gerade einen Fuß über die Schwelle gesetzt, da schlossen sich die Türen. Eine Passantin auf der Plattform erkannte die Gefahr und stieß meine Freundin mit beiden Händen von hinten hinein. „Mann, das nenne ich tatkräftig." Anja nahm es mit Humor. „So, und was hat es jetzt mit dem heißen Ort auf sich?" „Ich denke, heute ist ein guter Tag, um dich mit einer russischen Institution vertraut zu machen."

Die Sandunowskaja-Banja galt als die erste Adresse für ein russisches Dampfbad. Im herrschaftlichen Ambiente aus dem 19. Jahrhundert ließ sich nur eine Viertelstunde vom Kreml entfernt stilvoll schwitzen. Zu dem opulenten Interieur hatte sich der Architekt vom andalusischen Alhambra-Palast inspirieren lassen. „In der Sanduny hat auch schon Tschechow gesessen", erzählte ich Anja auf dem Weg zur Banja.

Wenige Schritte vom Eingang entfernt verkaufte ein altes Mütterchen Birkenzweige und knabberte Sonnenblumenkerne. Alle paar Sekunden spuckte sie eine Schale auf die Straße. In Moskau waren die *semetschki* buchstäblich in aller Munde. Ich reichte der Frau ein paar Rubelscheine und nahm ein Bündel Birkenzweige entgegen. Anja schaute mich fragend an. „Das sind *weniki*", sagte ich. „Lass dich überraschen."

In Handtücher gehüllt betraten wir die Hölle auf Erden. Heißer Dampf schlug uns entgegen. Die Hitze biss mir ins Gesicht, als sei sie ein lebendiges Wesen. Ein beschlagenes Thermometer an der Wand zeigte 80 Grad. Auf den oberen Holzbänken saßen Frauen mit weißen Filzhüten. Manche hielten sich ein Tuch vors Gesicht. Anja und ich wickelten uns Handtücher um die Haare. „Oooh", stöhnte meine Freundin, als wir uns aufs heiße Holz setzten. Es brannte wie eine Herdplatte, auf der gerade noch Wasser gekocht worden war. Schnell schoben wir uns Handtücher unter die Hintern.

Vor uns streckte sich eine junge Frau quer über die Bank. *„Ja gotowa,* ich bin bereit!", rief sie. Eine Dame, die in einer Art Arztkittel Wasser auf die glühenden Steine des Banja-Ofens goss, kam jetzt zu ihr. In ihren Händen hielt sie ein Birkenbüschel. Sie tauchte die getrockneten Blätter in eine kleine Wanne mit Wasser, hob die Arme und schüttelte die Zweige wie Cheerleader ihre Puscheln. Rhythmisch klatschte sie das triefende Grünzeug auf Rücken, Beine und Füße der jungen Frau.

Ich stieß Anja an. „Wollen wir das auch mal probieren?" Sie nickte. Erst ganz sachte, dann langsam fester ließ ich die Blätter auf ihren Rücken prasseln. Dann tauschten wir die Rollen. Die Birkenzweige prickelten auf der feuchten Haut. Sie machten die Hitze erträglicher und ließen die Banja duften wie einen Birkenwald.

Im Waschraum absolvierte die Dame mit Arztkittel Teil zwei der Banja-Kur. In einem Holzbottich, der wie ein Weinfass aussah, kniff die junge Frau, die eben noch auf der heißen Bank gelegen war, die Augen zusammen. Dann goss die Banja-Gehilfin ihr einen Schwall kaltes Wasser über Kopf und Körper. „Uuuh!", schrie die Frau und schlang die Arme schützend um ihre schmalen Schultern.

Ich betrachtete das Schauspiel aus sicherer Entfernung und kühlte mich ganz unrussisch unter einer Dusche ab. Anja bewies mehr Mut und stieg in das eiskalte Schwimmbecken. Dort tummelten sich drei Französinnen, die sich lachend mit Wasser bespritzten.

Um Schwimmbecken, Duschen und Holzbottich herum bot sich ein Schauspiel, das alles in den Schatten stellte, was ich aus deutschen Saunen kannte. Frauen jeden Alters wuschen, massierten und trockneten sich gegenseitig. Eine drahtige Seniorin mit mehlweißem Dutt rieb einer fülligen

Blonden Kaffeepulver auf den Rücken. Daneben schmierten sich zwei Frauen mit geflochtenen Zöpfen Honig auf die Haut.

„Hast du gesehen, wie das russische Schönheitsprogramm funktioniert?", sagte ich zu Anja, als wir im Ruheraum schwarzen Tee schlürften. Unsere weißen Handtücher saßen uns wie Turbane auf dem Kopf. Anja lächelte vergnügt. „Ja, und weißt du, was das Tolle ist? Die Frauen sind hier ganz locker. Es spielt keine Rolle, ob du dick bist oder dünn, grazil oder korpulent."

Sie hatte Recht. Hier sorgte sich niemand um kleine Busen, dicke Beine oder faltige Bäuche. Während auf den Straßen Moskaus ein ständiger Wettstreit um das schönste Make-up oder die höchsten High-Heels zu toben schien, konnten die Russinnen hier entspannt palavern.

„Jetzt gönne ich mir noch eine Massage", sagte ich zu Anja. „Das stundenlange Sitzen in der Redaktion hat meine Muskeln total verspannt." Sie lehnte sich mit ihrer Tasse zurück. „Viel Spaß, ich warte hier."

Sonja hatte ihr Handwerk zwei Jahre auf der Moskauer Massageschule gelernt. Mit nacktem Oberkörper legte ich mich auf den Bauch und betrachtete die Kraniche, die über die rosa Tapete des Ruheraums stolzierten. Sonja schloss die Tür und rieb ihre Hände mit duftender Körperbutter ein. „Sagen Sie Bescheid, wenn es wehtut."

Würde sie sich am Ende mit ihrem ganzen Gewicht auf mich legen, meinen Rücken mit Fäusten und Ellbogen traktieren, wie ich das in Filmen über asiatische Massagetechniken gesehen hatte? Nein. Was folgte, waren dreißig Minuten Genuss. Eine wohlige Wärme zog über meinen Rücken, als sie ihre Handflächen über meine Haut gleiten ließ, mit den Fingerknöcheln sanft auf die Muskeln trommelte und meinen Nacken weichknetete. „Gefällt es Ihnen?", hörte ich Sonjas Stimme hinter mir. „*Otschjen,* sehr", sagte ich und schloss die Augen. Als ich mit Anja wieder hinaus auf die Straße trat, war jede Verspannung der Vorfreude gewichen: auf meinen nächsten Besuch in der Banja.

Draußen riss der Wind an unseren Haaren. Mein Herbstmantel war eindeutig zu dünn für das kühle Novemberwetter. Zurück in der WG setzte ich gleich den Wasserkocher in Gang. Wie jeden Abend saß Alexej am Laptop und mixte elektronische Musik. Wladimir blätterte in der Küche durch ein Werbeprospekt für Computerzubehör. Anja und ich setzten uns zu ihm. „Wir waren in der Sauna", erklärte ich. „So eine bist du also!", Wladimir schnalzte mit der Zunge. „Was soll das denn heißen?" „Na, ich glaube, ihr wart eher in der Banja als in der Sauna." „Aber Banja ist doch das russische Wort für Sauna, oder etwa nicht?" Ich verstand überhaupt nicht, worauf Wladimir hinauswollte.

„Na, dann erkläre uns mal den Unterschied." Anja war jetzt auch neugierig geworden. „In einer Banja schwitzt man, isst man, trinkt man und geht wieder", sagte Wladimir. „Eine Sauna ...", hier machte mein Mitbewohner eine kleine Pause, „bietet in der Regel einen speziellen Service – vor allem für Herren." „Du meinst erotische Zugaben?" „Sagen wir mal so: sexuelle Dienstleistungen. Es ist übrigens gar nicht unüblich, dass Firmen als Betriebsausflug eine Sauna mieten." „Macht das deine Firma etwa auch?" Wladimir grinste und schwieg. „Na komm, uns kannst du es doch verraten." „Keine Angst, ich habe ja deutsche Arbeitgeber, und denen würde so etwas natürlich nie einfallen."

Der Abschied von Anja kam schneller, als mir lieb war. Mit ihr flog ein Stück Heimat aus der Stadt. Am Wochenende nach unserem Banja-Besuch erwachte ich mit trockenem Hals. Jeder Schluck schmerzte und es zog vom undichten Fenster her. Winter lag in der Luft. Fröstelnd zog ich mir die

Decke über den Kopf. Auf dem Balkon gurrte eine einsame Taube.

Ohne aufzustehen, streckte ich den Arm nach meinem Handy aus. Schon zwölf Uhr! Am liebsten wäre ich liegen geblieben, dabei wollte ich den Samstag für eine Einkaufstour nutzen. Alexej hatte mir von einem sagenhaften Elektronikladen in unserem Viertel erzählt. Menschen aus allen Teilen Moskaus pilgerten dorthin, um Filme und CDs zu kaufen. Doch so wie mein Hals schmerzte, war klar: Warum dieser Laden ein Mekka für Musikliebhaber war, würde ich heute nicht mehr herausfinden.

Im Haus war alles ruhig. Schliefen Wladimir und Alexej noch? Ich wunderte mich nach wie vor darüber, wie sie einträchtig in einem Bett liegen konnten. Ansonsten deutete nichts darauf hin, dass sie etwas miteinander hatten. Ich zwang mich aufzustehen. Im Nachthemd wankte ich in die Küche und schenkte mir ein Glas Wasser ein. Ben döste in seinem Käfig. Inzwischen war er doppelt so groß wie bei meinem Einzug. Ekel empfand ich kaum noch bei seinem Anblick, eher Mitleid. Sein Käfig war klein, und er hatte keinen Kontakt zu Artgenossen.

Ich holte Milch und Cornflakes aus dem Schrank und setzte mich. „Was ist denn mit dir los?" Ohne dass ich ihn hatte kommen hören, stand plötzlich Wladimir in der Tür. „So blass habe ich dich ja noch nie gesehen." Er gähnte und strich sich über seine verstrubbelten Haare. Offensichtlich war auch er gerade erst aufgestanden. „Mir ist kalt, und mein Hals tut weh." „Da kenne ich ein gutes Rezept." Wladimir öffnete den Kühlschrank und stellte eine Flasche *Russkij Standard* auf den Tisch. Nach allem, was ich gehört hatte, eine der besten Wodkamarken. In unserer WG wurde zwar selten Alkohol getrunken, aber ein „Wässerchen", wie Wodka auf Deutsch eigentlich heißt, stand immer bereit.

„Du meinst ...?" „Ja, das meine ich. *Wodka, eto lekarstwo*", sagte Wladimir mit betont tiefer Stimme. Wodka soll ein Medikament sein? „Du nimmst jetzt eine Tasse Tee, einen Löffel Honig und einen Schuss Wodka", sagte er mit gespielter Strenge und ich folgte brav seinen Anweisungen. „Mmmh..." Kombiniert mit meinem geliebten Zarenhonig schmeckte die Mischung erstaunlich lecker. „*Spassibo, Doktor Wladimir.* So gut hat mir noch kein Medikament geschmeckt. Gibt es das in Russland auch auf Rezept?" Wladimir lachte und schmiss die Kaffeemaschine an.

Ben klemmte das Maul an den zylinderförmigen Wasserspender seines Käfigs. „Du, sag mal", wagte ich mich vor, „meinst du nicht, dass Ben ein ziemlich armseliges Leben führt?" „*Potschemu*, warum?" Wladimir schien über meine Frage überrascht zu sein. „Ben muss sich um nichts kümmern. Bekommt jeden Tag sein Fressen geliefert und hat ein sorgenfreies Leben." „Na ja, aber sein Käfig ist winzig", konterte ich. Wie sollte ich Wladimir nur davon überzeugen, dass ein Leben ohne Ratte nicht nur möglich, sondern auch erstrebenswert war?

Ich musste diplomatisch an die Sache herangehen. „Ben wird so nie die Ratte seines Herzens kennenlernen und niemals Nachwuchs bekommen", sagte ich und legte eine gute Portion Mitleid in meine Stimme. „Vielleicht sollen wir ihn einfach ... aussetzen?", ergänzte ich vorsichtig. „Aussetzen?" Wladimir sah mich an, als hätte ich ihn beleidigt, und schüttelte den Kopf: „Das können wir nicht machen. Der arme Kerl überlebt da draußen keine Stunde." Seit wann können Ratten nur in geheizten Wohnungen existieren? Diese Nager sind doch bekannt dafür, dass sie selbst die Pest überleben. Doch mit diesen Gedanken blieb ich alleine. Ben, der gerade noch an einer Karotte gemümmelt hatte, hielt inne. Vielleicht ahnte er, was ich gegen ihn im Schilde führte.

„Ben wüsste nicht mal, wie er Futter suchen muss." Wladimir hielt seinen Finger in den Rattenkäfig. Kurz bevor Ben zubeißen konnte, zog er ihn zurück. „Da draußen würde er doch sofort von einem streunenden Hund gefressen." So viel fehlgeleitetes Mitgefühl machte mich sprachlos. Aber um in eine harte Diskussion einzutreten, war ich heute zu schwach auf der Brust.

Dezember

Bei der Moskauer Miliz begegne ich flirtenden Dieben,
Alexej entführt mich in den Piratenhimmel, und ich fahre
Schlittschuh auf dem Roten Platz

Wovor sich die meisten Menschen im Ausland fürchten,
passierte mir in diesem Monat. Auf der Suche nach Gemü-
se zog ich über den Markt an meiner Metrostation. An den
Ständen der Händler türmten sich Äpfel, Orangen und Pfir-
siche zu kleinen Pyramiden. Zu jeder Obstsorte gab es ein
Vorzeigeexemplar, das aufgeschnitten obenauf lag. Die bunte
Vielfalt machte mir Appetit.

Exotische Früchte waren in Moskau doppelt so teuer wie
in Deutschland. Russisches Saisongemüse dagegen war für
einen Spottpreis zu haben. Etwa Kohl.

Die weißgrünen Köpfe lagen groß wie Fußbälle in den
Holzkisten der Händler. *„Kapusta, poschalujsta.* Kohl, bitte", bestellte ich. Der Gemüsehändler hob seine buschigen Augenbrauen und lächelte: *„Dewuschka, wi otkuda?* Woher kommen Sie, Fräulein?" Wieder einmal hatte mich mein auslän-
discher Akzent verraten. „Aus Deutschland." *„Prawda?* Wirklich? Mein Cousin lebt in Hannover. Die Deutschen sind sehr
fleißig und machen gutes Bier." Er steckte meinen Kohlkopf
in eine kleine Plastiktüte. „Chände choch, eins, swei, drei, Polizei. Ich bin Aserbaidschaner aus Baku. Kennen Sie unsere
Hauptstadt?" Ich schüttelte den Kopf. „Leider war ich auch
noch nie in Deutschland. Das macht zwanzig Rubel."

Meine Tasche stand weit offen. Hatte ich etwa vergessen,
den Reißverschluss zuzuziehen? Nervös fuhr ich mit den
Fingern über den Boden. Das kann nicht sein, dachte ich und

suchte jetzt mit beiden Händen. Alles war leer. Alles war weg: mein Pass, mein Geld, meine EC-Karte. Nur mein Haustürschlüssel klimperte noch in einer Seitentasche.

Kurze Zeit später saß ich bei der Moskauer Miliz. Zehn Gehminuten von meiner Metrostation Bagrationowskaja entfernt. An der unscheinbaren Hausfassade verwies nur eine goldene Plakette auf das Polizeirevier. Hätte ich geahnt, was mich erwartete, ich hätte mich nicht dorthin begeben.

Am Empfangsschalter saß hinter dickem Glas ein Mann mit ernster Miene. Sein kleiner runder Kopf schien ihm direkt aus den Schulterblättern zu wachsen, so kurz war der Hals. Er blickte auf und schrieb dann weiter in ein Heft, das vor ihm auf dem Tisch lag. Schräg gegenüber sah ich zwei Typen hinter Gitter. Tatsächlich gab es dort mitten im Raum einen Käfig, wie ich ihn bis dato nur aus Zoo und Fernsehen kannte. Die Männer darin musterten mich. Ich schätzte sie auf etwa Fünfzig. Der eine trug Zipfelmütze und knabberte laut an einem Keks, der andere, dem ein haselnussbrauner Ziegenbart am Kinn hing, kratzte mit einem Schlüssel an der Eisenstange.

Verunsichert wandte ich mich an den Schalterbeamten ohne Hals und sagte die zwei Worte, die ich mir mit Hilfe des Wörterbuchs zurechtgelegt hatte: *„Menja obokrali*, man hat mich bestohlen." Auf den Beamten machte dieser Satz keinen Eindruck. Er betrachtete mich nur und schwieg. Dann endlich hob er wie in Zeitlupe seine Hand und deutete auf einen gegenüberliegenden Stuhl: *„Sadities*, setzen Sie sich."

Der Stuhl stand direkt an der Wand neben dem Käfig. Ich setzte mich und vermied es, in Richtung der beiden Gefangenen zu blicken. Das Kratzen des Schlüssels an der Eisenstange ließ mich aber doch immer wieder aufschauen. Als ich dem Ziegenbart in die Augen sah, grinste er schief. Sein Kompagnon mit den Keksen zwinkerte mir zu. Mir kam die

Szene aus dem Horrorfilm „Das Schweigen der Lämmer" in den Sinn, in der die FBI-Agentin alias Jodie Foster zum ersten Mal vor dem inhaftierten Menschenfresser steht.

Zwischen einem phlegmatischen Polizisten und zwei verhafteten Männern zu sitzen, von denen ich nicht wusste, ob sie Taschendiebe oder Raubmörder waren, versprach nicht unbedingt einen schönen Samstagvormittag.

Zehn Minuten später huschte ein junger Polizist vorbei. „Zwei Diebe", erklärte er mir im Vorbeigehen. Diskretion galt an diesem Ort wohl nichts. Ich überlegte, wo sich wohl der Dieb meines Geldbeutels gerade aufhielt. War er womöglich sogar einer dieser Gesellen hinter Gitter? Der kratzende Schlüssel riss mich wieder aus meinen Gedanken.

„Folgen Sie mir!" Mit einem Mal stand ein korpulenter Wachmann vor mir. Die Worte schienen direkt aus seinem dichten Schnurrbart zu kommen, so unmerklich bewegten sich die Lippen. Wir stiegen betonierte Stufen nach oben, er vorneweg, ich hinter ihm her. Im ersten Stock angekommen bedeutete er mir, in einem kleinen Schreibzimmer Platz zu nehmen. Ein blasser Mann mit blonden Stoppelhaaren schrieb dort in ein Heft. Seine Uniform war ihm mindestens eine Nummer zu groß. Die langen Ärmel hingen ihm bis über die Handgelenke. Er sah kaum auf, als ich den Raum betrat. „*Sadities*, setzen Sie sich." Der Wachmann, der mich nach oben geführt hatte, wies mich an, gegenüber dem jungen Polizisten Platz zu nehmen.

Das Protokoll dauerte eine volle Stunde. Mein Russisch reichte nicht aus, um schneller die Geschichte zu schildern, die mit dem Kauf von Kohl begonnen und einer leeren Handtasche geendet hatte. Der junge Russe sprach kein Englisch. Er fragte mich nach Wohnsitz, Beruf, Familienstand und wollte wissen, seit wann und warum ich in Moskau war, wer mich eingeladen hatte und bei wem ich wohnte. Da ich nicht sicher war, warum diese Angaben wichtig waren, ließ ich

Wladimir und Alexej aus dem Spiel. Der Beamte tippte ein einseitiges Protokoll und füllte zwei Bögen Papier mit Kugelschreiber. Wenn er sich verschrieb, knüllte er den Bogen zusammen und begann von vorne.

Auf dem Weg nach unten kam mir der junge Polizist aus der Wartehalle entgegen, der verraten hatte, dass unten zwei Diebe hinter Gitter standen. Auf der Treppe zwinkerte er so verschlagen wie der schlüsselkratzende Ziegenbart. *„Wi samuschem?"* Moment, hatte ich das richtig verstanden? Fragte dieser Typ tatsächlich, ob ich verheiratet war?

Ohne Probleme erhielt ich auf dem deutschen Konsulat in Moskau einen vorläufigen Reisepass. Der Weg zum Visum aber erwies sich als Odyssee. Würde man mir mein altes Visum neu aushändigen? Schließlich hatte ich noch eine Kopie und irgendein Computerhirn wohl auch meine Daten. Kopfschütteln und ernste Gesichter auf der Deutschen Botschaft: „Das können Sie wohl vergessen." Kopfschütteln und noch ernstere Gesichter in der russischen Amtsstube: *„Njet."* Alles müsse neu beantragt werden, erfuhr ich, aufwändig wie eine Audienz beim Heiligen Vater.

„Versprichst du dir wirklich Hilfe von der Polizei?", fragte Wladimir zu Hause. Er streckte sich in meinem Sessel und gähnte. Mein Gang aufs Revier erstaunte ihn mehr als der Diebstahl von Geld und Papieren. Dafür wunderte er sich kein bisschen über die Ganoven im Käfig.

Obwohl es erst später Nachmittag war, musste ich das Licht im Zimmer anschalten. Seitdem es draußen grauer und kälter wurde, verbrachte ich mehr Zeit in der WG. „Als der Typ auf der Treppe fragte, ob ich verheiratet sei, war ich sprachlos." Ich setzte mich auf den Diwan und Wladimir lachte. „Ich sag dir, so viel Vertrauen in die Polizei erlebt der selten. Bestimmt hat auf dem Revier seit Jahren keiner mehr einen Diebstahl gemeldet – erst recht keine junge Frau." Tatsächlich hatte ich außer den beiden Ganoven keine Besucher gesehen.

„Wie heißt es noch mal bei euch in Deutschland? Die Polizei, dein Freund und ...?" „... Helfer", ergänzte ich. „Weißt du, hier hilfst du dir am besten selbst. Hab ich dir eigentlich schon mal die Geschichte mit dem Geldbündel erzählt?" „Glaub nicht. Hast du die selbst erlebt?" „Ich noch nie. Aber auf diese beliebte Betrügermasche kann man in Moskau jederzeit hereinfallen. Auch du. Theoretisch ..." – an dieser Stelle machte Wladimir eine Pause – „... nicht praktisch. Dein netter Mitbewohner hat dich schließlich vorgewarnt."

Wladimir gähnte noch einmal. „Pass auf. Das Ganze läuft so: Auf der Straße lässt vor dir jemand ein Bündel Geldscheine fallen. Du hebst es auf und willst es, naiv wie du bist, dem vermeintlichen Pechvogel zurückgeben. Der aber verschwindet schneller, als du schauen kannst, in der Menge. Dafür spricht dich ein zweiter Mann an, der die Szene beobachtet hat. Er bietet dir an, das verlorene Geld mit dir zu teilen. Wenn du dich auf diesen Deal einlässt, bist du verloren. Kurz darauf – auch der zweite Mann ist längst über alle Berge – kommt der dritte Mann ins Spiel. Dieser beschuldigt dich des Diebstahls und verlangt die gesamte verlorene Summe zurück. Du erzählst, was passiert ist, aber der Kerl will davon nichts wissen. Und was ist das Ende vom Lied? Du musst alles aus eigener Tasche zahlen."

Einer der beliebtesten Treffpunkte der Stadt war das Denkmal des Revolutionsdichters Wladimir Majakowski an der Twerskaja. Gelegentlich versammelten sich hier oppositionelle Gruppierungen, bis sie irgendwann von der Polizei vertrieben wurden. Dahinter erhob sich das Hotel Peking wie die Miniaturausgabe einer Stalinschwester. Nach der Arbeit gehörte es immer noch zu meinen liebsten Beschäftigungen, durch das Zentrum zu spazieren.

Der Wind trieb mir Tränen in die Augen. Schon längst hätte ich mir eine Mütze kaufen sollen, doch heute genoss ich es, mich der Witterung auszusetzen. Christian hatte kurzfristig beschlossen, mit mir eine Runde zu drehen.

Auf der Straße vor der Tschaikowsky-Konzerthalle bildeten sich Schlangen. „Hier würde ich wahnsinnig gerne in ein Konzert gehen", sagte ich zu Christian. Auf seiner Nase zitterte eine Wimper. Wenn ich sie jetzt wegblasen würde, überlegte ich, hätte er einen Wunsch frei. „Vielleicht gibt es ja noch Tickets für heute Abend", schlug Christian vor. „Willst du mal fragen?"

„Brahms", sagte die Kassenfrau, als ich nach dem Programm fragte. Ihre Augen sahen mich müde an. Unter anderem spielte man heute meine geliebte dritte Symphonie. *Skolko stojit bilet?* Was kostet ein Ticket?", fragte ich durch den Schlitz in der Scheibe. Statt zu antworten, hielt sie einen Lageplan der Konzerthalle ans Glas. Die Sitzreihen waren in unterschiedlichen Farben markiert. Sie deutete auf drei Plätze in der vorletzten Reihe: „2000 Rubel." „2000 Rubel?" Zur Sicherheit fragte ich noch einmal. Die Kassenfrau nickte. „Und was ist mit billigeren Tickets?" Sie schüttelte den Kopf. Christian, der auf der Straße gewartet hatte, sah mir die Enttäuschung gleich an. „Ausverkauft?", fragte er. „2000 Rubel", sagte ich, und wir schwiegen.

Mein langes Gesicht musste auch eine ältere Frau neben uns bemerkt haben. „Ich kann Ihnen Tickets für 1000 Rubel verkaufen", bot sie uns an. Über einem mürrischen Gesicht trug sie eine schlammfarbene Mütze. Ihr beigefarbener Mantel reichte ihr bis zu den Knöcheln und stand ihr deutlich besser als die düstere Miene. In ihren faltigen Händen hielt sie ein ganzes Bündel Konzertkarten. Offensichtlich wollte sie diese mit Gewinn verkaufen. Aber so auffällig?

„Wir müssen mit ihr handeln", flüsterte Christian mir ins Ohr. „Wie wäre es mit 1000 Rubel für zwei Karten?", sagte er. „Mehr bezahlen wir nicht", fügte ich noch hinzu und versuchte so zu wirken, als ob mich das Konzert nicht mehr interessierte als die Tauben, die auf Majakowskis steinernen Schädel pickten. Die Russin schüttelte den Kopf. „Ich kann Ihnen zwei Karten für 1800 Rubel anbieten, aber das ist mein letztes Wort." Christian und ich verständigten uns mit Blicken. Auch das war noch zu viel.

„Lass uns gehen, vielleicht ändert sie dann ihre Meinung", schlug ich vor. Wir liefen los und ich erzählte Christian von Marrakesch. Jedes Mal, wenn ich mich dort von einem Marktstand entfernt hatte, war mir der Händler mit einem neuen Angebot hinterhergerannt. Die russische Dame aber ließ uns widerstandslos ziehen. „Wollen wir die Tickets nicht trotzdem nehmen?" Christian blickte nachdenklich zurück. „Schließlich sind sie immer noch deutlich billiger als die offiziellen." „Stimmt eigentlich. Und ich möchte die Tschaikowsky-Halle so gerne sehen."

Als wir zurückliefen, entdeckte ich den beigefarbenen Mantel der Schwarzhändlerin einige Meter weiter rechts. Sie sprach gerade mit zwei Russinnen, die nach kurzem Wortwechsel ihre Geldbeutel zückten und Tickets von ihr entgegennahmen. Ich tippte auf die Schulterpolster der Dame. „Wir haben es uns überlegt. 1800 Rubel sind in Ordnung. Für beide Plätze." „*Poschalujsta*, bitte schön", brummte die Alte. „Viel Vergnügen. Wo kommen Sie eigentlich her?" „Ich bin Deutsche und mein ... Christian ist Schweizer."

Ihre dunkle Miene hellte sich ein wenig auf, und ich fasste Mut zu einer Frage, die mich schon seit einigen Minuten beschäftigte. „Sagt die Polizei eigentlich nichts, wenn Sie hier schwarz Tickets verkaufen?" Die Alte zuckte mit den Schultern. „Davon lebe ich. Glauben Sie, ich kann mit meiner kleinen Rente über die Runden kommen?" „Aber haben Sie keine Angst, dass die Polizei Sie erwischt?" „Wieso? Die bekommen doch auch ihren Anteil."

Als ich Wladimir am Abend von meinem Erlebnis an der Konzerthalle erzählte, nickte er nur. „Ist es nicht ungeheuerlich, dass die Polizei an dem verdient, was sie eigentlich verbietet? Das ist doch verkehrte Welt!", empörte ich mich. Wladimir sah mich jetzt fast ein wenig mitleidig an. „Du hast wohl noch Ideale, was?", sagte er dann. „Das ist keine verkehrte Welt, meine Liebe, das ist Russland."

Noch mehr Überraschungen erwarteten mich am folgenden Wochenende. Alexej entführte mich doch noch in das Musik-Mekka, von dem er mir oft vorgeschwärmt hatte. Ich hoffte für ihn, dass sein Wunsch, Moskaus nächster Star-DJ zu werden, eines Tages in Erfüllung gehen würde. Dabei war ich mir bei den Klängen, die aus Alexejs Laptop kamen, allerdings nicht so sicher, ob er mit seinem PR-Job nicht besser beraten war.

„Hier gibt es alles", versprach er mir, als wir am Haupteingang eines vierstöckigen Kaufhauses standen. Die Geschäfte im Erdgeschoss führten Elektronikwaren vom Handy bis zur Waschmaschine. „Was suchen Sie?", fragten die Händler immer wieder, als wir an ihren Ständen vorbeischlenderten. Die Auswahl an Filmen, Musik und Computerspielen war riesig. Es gab Hollywoodstreifen und Sowjetkino. Art House und Porno. Original und Kopie. Sechs Raubkopien auf einer DVD kosteten 150 Rubel, knapp fünf Euro. Zum gleichen Preis gab es den kompletten Sting oder das Gesamtwerk von U2 auf MP3. Manche Kopien waren kaum als solche zu erkennen, dank Originalverpackung und farbkopiertem Cover. Selbst die Kopierwarnung hatte man kopiert: „Federal law provides severe civil penalties for the unauthorized reproduction, distribution, or exhibition of copyrighted motion pictures, video tapes or video discs."

Auf diesem als Supermarkt getarntem Basar tummelten sich mindestens so viele Menschen wie samstags im Moskauer IKEA. Sie kauften kopierte Ware, als sei dies die selbstverständlichste Sache der Welt. Und irgendwie war es das hier auch – obwohl Piraterie offiziell strafbar war.

Alexej kehrte von seinem ersten Beutezug mit drei DVDs zurück. „Schau mal, dieser Film ist noch nicht mal im Kino gelaufen", verkündete er stolz und zeigte auf die oberste Hülle. Dann packte er die DVD aus und reichte sie dem Händler mit den Worten: „Legen Sie mir den bitte mal ein." Während dieser die Scheibe wortlos in den Recorder legte, blickte er mich erwartungsvoll an: „Und wie kann ich Ihnen helfen?" „Ich weiß noch nicht", sagte ich. „Du musst dir die Filme immer ein Stück weit zeigen lassen", raunte Alexej mir ins Ohr. „Sonst hast du vielleicht Pech, und sie laufen gar nicht." Doch die Händler nahmen hier selbst fehlerhafte Raubkopien zurück – zumindest behaupteten sie das.

„Wie kommt es, dass die Schwarzhändler keine Angst vor der Polizei haben?", fragte ich Alexej, als wir wieder auf dem Heimweg waren. „Weil die sich selbst gerne Filme zum Nulltarif holen. Aber weißt du, der Schwarzmarkt hat auch sein Gutes." Alexej steckte sich im Gehen eine Zigarette an und blies den Rauch nach oben. „Filme, die vielleicht aus politischen Gründen nicht ins Kino kommen, finden so trotzdem den Weg zum Zuschauer. Hier besorgen sie dir alles." Gesetz und Wirklichkeit waren in Russland zwei sehr verschiedene Dinge. Das hatte ich jetzt begriffen.

Seit in Moskau die Zeit begonnen hatte, in der es sich nicht mehr empfahl, ohne Winterjacke das Haus zu verlassen, erwartete ich ihn, und eines Morgens sah ich ihn dann: den ersten Schnee. Als ich noch im Nachthemd aus dem Fenster blickte, rieselte er über Dächer und Bäume. Die Flocken segelten hin und her, bevor sie landeten, als müssten sie sich noch entscheiden, wo sie am schönsten liegen würden. Ich holte meine Kamera und knipste die weißen Hauben auf den Autodächern und Spielplatzschaukeln.

„Herzlichen Glückwunsch", sagte Natascha fröhlich, als ich in die Redaktion kam. „Zu deinem ersten Schnee in Moskau!" Eine Gratulation zum Wintereinbruch – so etwas konnte einem nur in Russland passieren. Überall sonst hätte ich mich über Nataschas Worte gewundert, aber hier schienen sie mir das Natürlichste der Welt. Seitdem ich eine sowjetische Verfilmung von Andersens Märchen „Die Schneekönigin" gesehen hatte, war Russland für mich das Land, aus dem der Winter kam. „Und vergiss nicht, morgen eröffnet die Eisbahn auf dem Roten Platz", schob Natascha so stolz hinterher, als sei Schnee tatsächlich eine russische Erfindung.

Der erste Ort, den ich auf Schlittschuhen erlebte, war der Gorki-Park. Ausgerechnet eine deutsche Band hatte ihn in Deutschland bekannt gemacht. Ich erinnerte mich noch daran, wie unsere Russischlehrerin während des Schüleraustausches ganz vorne im Reisebus stand und ins Mikrofon sagte: „Wir fahren jetzt zum Gorki-Park." Plötzlich stimmten wir alle „Wind of Change" von den Scorpions an. *„I follooow the Moskwaaaa, down to Gorki Paaahaark, listening to the Wiiind of Chaahaahange."* Auch wenn wir wie in zwei Welten aufgewachsen waren – dieses Lied konnte jeder mitschmettern.

Die Sonne schien, und Schnee rieselte auf meine Daunenjacke, als ich mir meine Schlittschuhe über die Schultern hing und durch das Eingangstor des Parks schritt. Ein bisschen erinnerte es mich an das Brandenburger Tor, nur dass die Quadriga fehlte und es ein paar zusätzliche Standpfeiler gab. Dahinter wartete eine weiße Welt, in der Fußgänger kaum Boden unter die Füße bekamen. Die meisten Wege waren Eisbahnen. Holzschlitten und Hunderte von Schlittschuhläufern schlitterten auf ihnen durch den Park.

Der Wind blies unter meine Kapuze und in die Ärmel meines Mantels. Aber nach den ersten wackligen Minuten auf dem Eis wurde mir warm. Russischer Pop schallte hier und da aus den Lautsprechern der Würstchenbuden und Schießstände.

Mitten im Gorki-Park stieß ich auf eine Raumfähre. Die Nachbildung des Buran Space Shuttle, das als Gegenstück zu den NASA-Gefährten gebaut, aber nie eingesetzt worden war. Reklametafeln versprachen den Besuchern für ein paar Rubel einen Weltraumflug. Natürlich war ich zu neugierig, um nicht hineinzugehen. Im silbernen Bauch des Shuttles fühlte ich mich für Sekunden wie eine Weltraumtouristin. Kaum hatte ich mich auf meinen Sitz geschnallt, da lieferte die Leinwand schon die ersten Bilder aus dem All. Die Tonspur rauschte, und mein Sitz begann wie von Geisterhand zu wackeln.

Noch näher kam man der Schwerelosigkeit aber im Norden des Parks. Wie ein riesiger bunter Kreisel drehte sich dort das Kettenkarussell „Wellenflug". Kinder und Erwachsene schwebten mit Kufen an den Füßen durch die Luft. Einige Meter weiter wärmen sich rotnasige Parkbesucher an einer heißen Papptasse Tee.

Mit jedem Dezembertag wuchs die Zahl der Moskauer Weihnachtsbäume. Vor dem Bürgermeisteramt, in den Schaufenstern der Schuhläden, auf den Verkaufstresen der Buchhandlung „Moskwa" in der Twerskaja – überall standen die *jolki*, wie Russen die geschmückten Tannen nannten. Am Puschkinplatz überragte ein knallig rot dekoriertes Exemplar die Dichterstatue um ein Dreifaches. Der wichtigste bunte Baum aber stand auf dem Roten Platz.

Das Kaufhaus GUM strahlte nun im Glanz goldener Lichterketten, die sich um das gesamte Gebäude spannten. Doch selbst die aufwändigste Dekoration konnte die Schönheit der

Basilius-Kathedrale nicht in den Schatten stellen. Inmitten dieses verrückten Ensembles glitt ich über das Eis des neu eröffneten *katok*. Wer hätte gedacht, dass es einmal möglich sein würde, auf Kufen über einen Platz zu gleiten, den früher militärische Paraden regelmäßig in ein Meer aus roten Sowjetfahnen verwandelt hatten? Heute lag das leuchtendste Rot auf den Wangen der Schlittschuhläufer.

Wenn ich meine freie Zeit nicht auf dem Eis verbrachte, streifte ich auf der Suche nach Weihnachtsgeschenken durch die Stadt. Auf meinen Spaziergängen zeigte sich einmal mehr, dass die Stadt nicht schlief. Es gab keine Sonntagsruhe, jeden Tag konnte man bis spät in den Abend einkaufen und in vielen Geschäften sogar rund um die Uhr. In der Nähe der berühmten Fußgängerzone Arbat entdeckte ich den Traum aller Literaturliebhaber: eine Buchhandlung, in der man rund um die Uhr stöbern durfte. Noch weit nach Mitternacht blätterten dort schlaflose Leser in Bildbänden und Kriminalromanen.

Weil ich meinen Freunden ein Stück Russland nach Deutschland bringen wollte, kaufte ich Moskau-Kalender und Matrijoschka-Buntstifte, handbemalte Haarspangen und russische Märchen in Übersetzung. „Hast du schon alle deine Geschenke zusammen?", fragte ich Christian in unserer letzten Arbeitswoche vor den Ferien. „Nicht ganz. Ich suche noch etwas Schönes für mein Patenkind. Fällt dir vielleicht etwas ein?" „Wie wäre es mit Tscheburaschka? Oder *Nu pogodi* auf DVD?" *Nu pogodi* hieß so viel wie „Warte, ich krieg dich schon" und war der Titel lustiger Zeichentrickgeschichten um einen gefräßigen Wolf und einen listigen Hasen. Die zum größten Teil noch in der Sowjetunion entstandene Kinderserie war so etwas wie die russische Antwort auf Tom und Jerry. „Das ist eine Idee!" Christian wirkte erleichtert und sagte den Satz, auf den ich insgeheim schon gewartet hatte: „Vielleicht gehen wir zusammen Geschenke kaufen?"

Der alte und der neue Arbat teilen bis auf ihren Namen nur die zentrale Lage. Ansonsten besaß der alte Arbat alles, was seinem modernen Gegenstück fehlte: geduckte Häuser aus dem 15. Jahrhundert, kopfsteinähnliches Straßenpflaster, kleine Souvenirläden und eine Geschichte, in der Adelige und später Angehörige der russischen Intelligentzia die zentrale Rolle spielten.

Als wir den verschneiten alten Arbat entlangspazierten, stachen mir sofort die Stände mit den Mützen ins Auge. Es gab Schapkas mit langen Ohrenklappen für den Mann, Soldatenmützen, graue Sowjetkappen mit Hammer und Sichel sowie elegante Pelzmützen für Damen. „Davon träume ich schon lange", sagte ich zu Christian und nahm ein weißes Prachtexemplar vom Haken. „Setzen Sie die ruhig mal auf". Hinter mir postierte sich eine Verkäuferin und rückte das gute Stück auf meinem Kopf zurecht. „*Otschjen krassiwo*, sehr schön", säuselte die Russin. „Welches Material ist das?" „Silberfuchs, beste Qualität."

Als ich Silberfuchs hörte, dachte ich an einen Kollegen, der für die Moskauer Deutsche Zeitung beschrieben hatte, wie die Tiere auf Farmen unterkühlt werden, damit ihr Fell noch dichter wird. „Führen Sie auch Kunstpelz?" Die Verkäuferin schüttelte den Kopf. „Das hält doch nicht warm. Und die Mütze passt perfekt. Wie gemacht für Ihr Gesicht."

Ein paar Stände weiter bemerkte ein Händler mit Pudelmütze und Schnurrbart meine begehrlichen Blicke. „Kommen Sie, mein Fräulein. Ich habe die größte Auswahl auf dem Arbat." Christian zeigte auf eine schwarze Pelzmütze: „Möchtest du die vielleicht mal probieren?" Der Händler wartete bereits mit einem rosafarbenen Handspiegelchen auf seinen Einsatz.

Bevor ich sie mir aufsetzte, pustete ich in die feinen schwarzen Härchen. Die Mütze war ein Traum, aber aus Seehundfell. Kunstpelz war leider auch hier nicht zu haben. „Wie wäre es mit Fuchs oder Kaninchen?", versuchte der Händler noch einmal sein Glück. Ich schüttelte den Kopf. „Ich habe eine Idee." Der Mann verschwand für eine Sekunde hinter seinem Stand.

„*Dewuschka*, wie wäre es mit Astrachan?", sagte der Händler mit Hundeblick. „Für diese Mütze musste garantiert kein Schaf leiden, geschweige denn geschlachtet werden." Ich glaubte ihm. Erst später erfuhr ich, was die Tiere tatsächlich durchmachen. Auf der Mütze kringelten sich schwarze Locken, die noch nach Schaf rochen. Was ich im rosa Handspiegelchen sah, gefiel mir. „*Otschjen krassiwo*", lobte der Russe. „Was meinst du, Christian?" „Mit der Mütze erinnerst du mich an meine Großmutter, die hatte auch so eine." Sein Lächeln ging mir durch Mark und Bein. „Soll das etwa ein Kompliment sein?"

Es war seltsam, aber die schwarzen Schafslocken ließen mich auch an meine Oma denken. Wenn mich nicht alles täuschte, war der schwere Mantel, den sie noch einige Jahre vor ihrem Tod zum Sonntagsgottesdienst getragen hatte, aus dem gleichen Material. Bis zum heutigen Tag hing er in ihrem weißen Schrank, als könne meine Oma jeden Moment wieder durch die Tür kommen, um ihn vom Bügel zu nehmen. Plötzlich fragte ich mich, wer an meiner Seite sein würde, wenn ich einmal nur noch Omamützen und Omamäntel und Omaschuhe trug. Und ob sich jemand an diese Stücke erinnern würde, wenn es mich gar nicht mehr gab. Ich warf einen letzten Blick in den Spiegel. „Ich nehme das Schaf."

Wie ich erst durch den Diebstahl meiner Dokumente erfuhr, brauchte man nicht nur ein Visum, um nach Russland einzureisen. Auch wer das Land wieder verlassen wollte, durfte dies nicht ohne das entsprechende Papier im Pass. Um vor Weihnachten ausfliegen zu können, musste also ein Ausreisevisum her.

Am Tag meines Abflugs kam es zu einer denkwürdigen Begegnung am *aeroport* Domodedowo. Auf dem mausgrauen Teppich der VIP-Lounge traf ich den russischen Konsul und musste ihm für die Ausreise 150 Dollar in die Hand drücken. Als er die Scheine abzählte, fragte ich: „Meinen Sie, man kann mir auf dem russischen Konsulat in Berlin mein altes Visum neu ausstellen?" Der Konsul schüttelte den Kopf: „*Njet.*"

Doch dann kam alles anders. In Berlin erklärten mir die Russen: Gegen Vorlage eines neuen Reisepasses, der polizeilichen Bestätigung des Diebstahls und vierzig Euro könnte ich innerhalb weniger Tage mein Jahresvisum zurückbekommen. Das klang fantastisch, widersprach aber aller Behördenweisheit in Moskau. Trotzdem beantragte ich im Rathaus meiner Gemeinde erst mal einen biometrischen Euro-Express-Pass. „Biometrisch bedeutet, dass Sie keine Zähne zeigen dürfen", erklärte mir die Fotografin in Schweinfurt. „Also bitte nicht lächeln!", rief sie und drückte auf den Auslöser. Am Ende hielt ich ein Foto in Händen, auf dem ich ernster blickte als russische Milizionäre bei der Passkontrolle.

Zurück im Berliner Konsulat erhielt ich eine Wartenummer. Der Zettel war pink und sah aus wie ein Los. Ich zog die 391. Bedeutete es „Leider verloren" oder „Hauptgewinn: ein Jahresvisum"? Bald würde ich es wissen. Ein Visum zu erhalten erschien mir nun mehr denn je wie ein Glücksspiel. Hoffentlich machte ich mich hier besser als auf der Tombola von Jahrmärkten. Wenn ich dort mal gewann, dann handelte es sich um giftgrüne Bleistifte „made in China", die brachen, bevor der erste Satz geschrieben war.

Tatsächlich passierte am Schalter etwas, was weder die Deutsche Botschaft noch die Moskauer Beamten noch der

Konsul für möglich gehalten hatten. Am Schalter reichte mir ein Mann, der aussah, als ob er nie im Leben gelacht hätte, meinen biometrischen Pass. Ich blickte hinein und sah: mein neues altes Jahresvisum.

Unwillkürlich stellte ich mir vor, wie seine Beamten-miene einem Lächeln weichen und er in den Raum rufen würde: „Haaaauptgewinn, sie hat den Haaaauptgewinn! Nur wer wagt, gewinnt." Ich schwebte aus dem Konsulat. Weiße Flocken fielen aus dem Himmel über Berlin und ich dachte an Christian.

Januar

Während Moskau Winterschlaf hält, jage ich Walrösser,
mache einen Ausflug in die Sowjetunion und überlebe bei
minus 30 Grad

Der Winter steht Moskau am besten. Das bestätigte sich
auch aus der Boeing, die mich nach den Weihnachtsferien
zurück nach Russland flog. Wie ein Wunder erschien es mir,
so mühelos zwischen den Welten zu wandern. In der einen
trennte ich Müll, trank Leitungswasser und hatte keine Angst
vor Polizisten. In der anderen schüttete ich Wodka in den
Tee, grüßte niemanden im Treppenhaus und verließ die Wohnung nie ohne meinen Pass.

Während *Nein* in Deutschland meist genau das meinte,
konnte sich ein russisches *Njet* immer noch zum *Wosmosch-
na* wandeln. *Vielleicht*. Sorgte das Springen zwischen den
Kulturen am Ende für eine gespaltene Persönlichkeit? Als
wir durch die Wolken stießen und Kurs auf den Flughafen
Domodedowo nahmen, meinte ich schon Wladimirs Antwort
zu hören: „Denk nicht so viel, lebe einfach!"

Schlangestehen war in Russland eine komplizierte Angele-
genheit. Alles begann mit der Frage: *„Kto poslednij?* Wer ist
der Letzte?" Erst dann stellte man sich in die Reihe. An der
Passkontrolle auf dem Flughafen sah ich vier Schlangen. Ich
positionierte mich hinter einem Mann, der einen Zopf wie
Karl Lagerfeld, nur nicht die passende Brille hatte. Wie die
Pinguine ruckelten die Menschen vorwärts. Einen gefühlten
Millimeter pro Minute. Plötzlich verließ der Karl-Lagerfeld-
Typ die Reihe und wies die Frau vor ihm an, seinen Platz

freizuhalten. Dann verschwand er mit wippendem Zopf in der Menge. Kurz darauf entdeckte ich ihn zwei Schlangen weiter.

Als nun der nächste Pinguin-Passagier durch die Passkontrolle ging, schloss ich auf. Da drehte sich die Frau vor mir um: „Haben Sie nicht gesehen? Hier steht ein Mann." Er muss wohl eine Tarnkappe tragen, hätte ich da gerne geantwortet, nickte aber nur höflich. Es war erstaunlich: In einer Stadt, in der es eine rechtsfreie Zone namens Metro gab, in der hemmungslos gedrängelt, gepufft und gestoßen wurde, genoss die Spezies der Schlangenplatzreservierer größten Respekt.

Meine späteren Recherchen an Bahnhofsschaltern überzeugten mich davon, dass Russen in dieser Disziplin Weltmeister waren. Zweifach, dreifach, vierfach standen sie an, ohne in einer einzigen Schlange körperlich präsent zu sein. Während der unwissende Ausländer meint, er hätte nur vier Leute vor sich, drehen sich fünf weitere Phantomschlangensteher auf der Straße eine Zigarette oder erledigen die letzten Einkäufe. Und wehe, man machte ihnen den reservierten Platz streitig!

Die erste Woche nach meiner Ankunft blieb ich alleine in unserer WG. Sogar die Ratte Ben war mit Alexej in die Weihnachtsferien gefahren. Von mir aus hätte sie mit *Ded Moros*, dem russischen Weihnachtsmann, und seiner schönen Begleiterin *Snegurotschka*, dem Schneeflöckchen, für immer nach Sibirien verschwinden können. Weil ich das Märchen von Alexander Afanasjew über das Schneemädchen noch nicht kannte, las ich es eines Abends im Bett. „Vor langer Zeit lebte der Bauer Iwan mit seiner Frau Maria. Sie liebten sich und lebten miteinander in Harmonie. Und doch waren sie nicht glücklich, denn sie hatten keine Kinder. Die Zeit verging und sie wurden immer älter. Vor Kummer wurden sie ganz traurig, und das Einzige, was ihnen Freude bereitete, war, den Kindern anderer Leute zuzuschauen. Eines Tages hatte es im Winter stark geschneit. Die Kinder liefen auf der Straße herum und spielten im Schnee. Die beiden Alten nahmen am Fenster Platz, um sich am Anblick der Kinder zu erfreuen. Die Kinder liefen vergnügt umher, spielten und begannen, einen Schneemann zu bauen. Da überlegte Iwan und sprach zu Maria: ‚Wie wäre es, komm, wir bauen auch einen Schneemann!‘ Maria gefiel die Idee: ‚Warum nicht? Wir spielen auch ein bisschen. Wir wollen aber keinen Schneemann bauen, sondern ein Schneemädchen. Gott hat uns kein lebendiges Kind gegeben, deshalb bauen wir uns eins aus Schnee.‘" Weil es sich um ein Märchen handelte, war das Schneemädchen so menschlich, als sei es aus Fleisch und Blut. „Was für ein Geschenk haben wir von Gott in unserem Alter bekommen! Unser Kummer ist jetzt vorbei", sagte Maria nach einer Weile, und Iwan antwortete: „Gott sei Dank! Doch die Freude ist nicht ewig, so wie der Kummer nicht unendlich ist." Iwan sollte Recht behalten. Denn *Snegurotschka* verglühte am Ende des Märchens über einem Feuer und flog als „leichtes Dämpfchen" zu den Wolken in den Himmel.

Nach dem Julianischen Kalender, der für die orthodoxe Kirche maßgebend ist, fällt das russische Weihnachtsfest auf den 7. Januar. Die Geschenke bringt Väterchen Frost allerdings schon am 31. Dezember. Wladimir und Alexej wollten bis nach Weihnachten bei ihren Eltern bleiben. Die Zeit zwischen *Nowij God*, Silvester, und dem Arbeitsbeginn zehn Tage später gehört der Familie, hatte mir Wladimir vor meiner Abreise nach Deutschland erklärt. „Man isst, man trinkt, man sieht fern. Kurz gesagt: Man setzt Speck an." Ab Neujahr hat das Land für zehn Tage die Lizenz zum Faulenzen.

Auch die Hauptstadt befand sich in Winterstarre. In der Millionenmetropole erschienen eine ganze Woche lang keine

Zeitungen. Moskau hatte sich von der Welt verabschiedet wie ein Bär in den Winterschlaf. Ich nutzte die faulen Tage, um das Tier beim Träumen zu beobachten.

Der Schnee schmeichelte der Stadt. Verdeckte fleckige Fassaden und schmutzige Schlaglöcher. Kleine Straßen wirkten wie weiße Teppiche. Goldene Kirchenkuppeln glänzten am Himmel wie Schmuck aus der Schatzkammer des Kreml. Der Winter verpasste Lenins Kopf an der nach ihm benannten Bibliothek eine weiße Krone. Schneemänner streckten neben verschneiten Parkbänken ihre Karottennasen in den Wind und am Kreml wachten kunstvoll modellierte Eisfiguren.

Auf meinem Spaziergang entdeckte ich mitten in Moskau ein Stück Sowjetunion. Nur wenige Schritte vom Moskauer SPIEGEL-Büro entfernt, umgeben von Szene-Bars und der glitzernden Vitrine eines Versace-Shops, zog ein unscheinbarer Lebensmittelladen ahnungslose Passanten in die Vergangenheit. Im Schaufenster sah man weder Waren noch Werbung. Stattdessen lagen russische Puppen aus blau-weiß bemalter Keramik hinter der Scheibe.

Meine Wahl fiel auf Aljonka, Schokolade aus Russlands bekanntester Süßwarenfabrik „Krasnij Oktjabr, Roter Oktober“. Wenn ich ehrlich war, gefiel sie mir am besten von außen. Das Staniolpapier zierte ein pausbäckiges Mädchen mit grün-gelbem Kopftuch und blauen Kulleraugen. Das russische Pendant zum blonden Buben der Kinderschokolade. Aber irgendwie auch essbare Propaganda zum sozialistischen Kinderglück.

Hinter der Theke blickte mich die Verkäuferin ungeduldig an. Mit ihrem blonden Zopf und der blauen Schürze sah sie aus wie eine der Keramikpuppen im Schaufenster. Ich bestellte die Schokolade und sie spickte aus einem vor ihr liegenden Stoß alter Kassenzettel einen heraus. Mit rotem Kugelschreiber schrieb sie den Preis auf die Rückseite. Hier sparte man wohl am Papier, dachte ich, da sagte sie: „Zur Kasse, bitte!"

Schräg gegenüber saßen zwei Kassiererinnen in Glaskästen. Ich steuerte die rechte Dame an. Als ich ihr meine 45 Rubel reichte, sah sie nicht auf. Stattdessen fixierte sie den schwarzen Plastikventilator, der vor ihr stand. „Alles?", fragte sie knapp, ich nickte, und schon ratterte ein neuer Bon aus ihrer alten Kasse. Damit musste ich zurück zur süßen Theke und erhielt meine Tafel Aljonka.

Zur Zeit meines Schüleraustauschs funktionierten viele Moskauer Läden so. Zwar saß da schon Präsident Jelzin im Kreml, und Jugendliche träumten von einem Job bei McDonald's, doch wer etwas einkaufen wollte, musste auf die Ware zeigen und einer nicht immer freundlich dreinblickenden Dame die entsprechenden Rubel reichen. Mit dem Bon, den sie daraufhin aushändigte, konnte man zur Abholung schreiten. Doch immer übernahm das für mich meine resolute Gastschwester Sweta. Schließlich war ich *w gostjach*, zu Besuch. Und Gäste mussten verwöhnt oder besser noch zur völligen Unselbständigkeit erzogen werden. Erst als ich mich kaum noch ohne sie über die Straße traute, war Sweta zufrieden.

Am *Kutosowskij Prospekt* kniete eine Frau im Schnee. Ihren Oberkörper hatte sie nach vorne gebeugt, so dass ich ihr Gesicht nicht sehen konnte. Ein speckig glänzender Mantel wölbte sich über ihren Buckel. Das schwarze Kopftuch verdeckte ihr Haar. Weiße Flocken fielen auf das bewegungslose Bündel Mensch. Vor ihr ragte ein braunes Pappschild aus dem Schnee. Nur ein handgeschriebenes Wort stand dort in schwarzer Schrift: *Pomogite!* Helfen Sie mir!

Ich blieb stehen. Eine Frau in einem schweren Pelz kam mir aus der anderen Richtung entgegen. Ihre Hände steckten in einem fuchsbraunen Muff. Beim Anblick der Alten verzog sie das Gesicht, als ob sie gerade auf eine bittere Mandel gebissen hätte. Kopfschüttelnd sagte sie wie zu sich selbst: „So etwas hätte es bei Stalin nicht gegeben."

Nacht für Nacht fielen die Temperaturen. Noch bevor REM zur allmorgendlichen New-York-Elegie anhub, hörte ich jetzt die Straßenfahrzeuge vor unserem Haus. Allerorten wälzten sich Schneepflüge durch die Stadt. Hin und wieder sah ich Straßenarbeiter, die Schaufelschlag für Schaufelschlag Eis von den Bürgersteigen hackten. Eine Sisyphusarbeit.

Wenn deutsche Abendnachrichten russische Kälterekorde vermeldeten, hatte ich mich immer gefragt, wie Menschen bei minus 40 Grad überhaupt überlebten. Nun rollte auch durch Moskau, wo das Thermometer nur selten unter minus 15 Grad fällt, eine Kältewelle. Mitte des Monats lag die Temperatur bei minus 30 Grad.

Meine Schmerzgrenze war nach fünfzehn Minuten im Freien erreicht. Die Kälte legte sich zuerst auf meine Wangen, packte sich dann die Nase und kroch mit jeder Minute tiefer unter meine Daunenjacke. Spätestens wenn ich Eiskristalle in meinen Nasenlöchern spürte und meine Beine sich steif wie hölzerne Stelzen anfühlten, wusste ich: Jetzt war es höchste Zeit für einen heißen Tee.

An Spaziergänge war bei diesem Wetter nicht mehr zu denken, erst recht nicht an Schlittschuhfahrten durch den Gorki-Park. War die Kälte schon bei Windstille kaum auszuhalten, so wurde sie beim kleinsten Luftzug unerträglich. Die Wege von der Wohnung zur Metro und von der Metro zur Redaktion waren alles, was ich noch bewältigen konnte. „Killerkälte in Moskau" titelte SPIEGEL Online. „Lebst du noch?", fragten meine besorgten Freunde aus wärmeren Gefilden.

Der trockene Winter bekam mir jedoch überraschend gut. Ich überstand die russische „Killerkälte" ohne Schnupfen und schüttete das Wundermittel Wodka höchstens noch prophylaktisch in den Tee. Die eigentlichen Gefahren für die Gesundheit lauerten sowieso unterirdisch – in den beheizten Metrozügen, wo Menschen, deren Körperumfang sich im Pelz verdoppelt hatte, sämtliche Krankheitserreger in die Gesichter ihrer Mitfahrer husteten.

In diesen Tagen jagte ich Walrösser. *Morschi*, so nannten sich in Russland Menschen, die verrückt genug waren, bei Minustemperaturen in Eislöcher zu tauchen. Ivo, ein Niederländer, der frei für die Moskauer Deutsche Zeitung arbeitete, machte mich auf die wundersame Spezies aufmerksam. Ivo wusste auch, dass es in der Nacht zum 19. Januar vor Walrössern wimmelte. Zur Feier der Taufe Jesu weihten orthodoxe Priester Gewässer, und Gläubige stürzten sich hinein. „So reinigen sich die Orthodoxen von ihrer Schuld", erklärte Ivo. Dass es aber auch ganz profane Gründe für das Bad im Eiswasser gab, sollte ich einige Tage später erfahren.

Ein Ort, an den es die Walrösser auch noch nach dem kirchlichen Feiertag zog, lag in der Nähe meiner Wohnung. Bevor ich mich hinauswagte, durchlief ich wie jedes Mal meine Metamorphose zur Zwiebel in Menschengestalt. Pullover, Fleece-Weste, Daunenjacke. Dazu Schal, Handschuhe und zentimeterdick Nivea.

Ausnahmsweise verabschiedete ich mich mit einem Stück Banane bei Ben, der inzwischen aus den Winterferien in unsere Wohnküche zurückgekehrt war. Am Spielplatz vor der Tür sah ich bis zur Bewegungslosigkeit vermummte Kinder, aus deren Mündern weiße Wölkchen stiegen. Um die kalte Luft aufzuwärmen, atmete ich durch die Nase und stapfte los.

Der weitläufige Filjowskij-Park erinnerte eher an einen Wald als an ein städtisches Erholungsgebiet. Auf den vereisten Wegen waren heute kaum Spaziergänger unterwegs. Mehrmals glitt ich aus, konnte mich aber gerade noch fangen. Das Profil meiner Stiefel war Moskau nicht gewachsen. Wenn es nach mir ginge, müssten Schuhfabrikanten ihre Treter in Russland testlaufen lassen.

Zwischen nackten Bäumen sah ich Dosen und Papierfetzen. An manchen Ästen hingen sogar Tetrapacks für Saft oder Milch. Hatten die Moskauer tatsächlich Müll in die Bäume gehängt? Als ich näher kam, bemerkte ich, dass die Tetrapacks aufgeschnitten und mit Vogelfutter gefüllt waren. Der Einfallsreichtum der Russen überraschte mich immer wieder – wie auch die Widersprüchlichkeit ihres Verhaltens. Einerseits schmissen die Menschen ihren Müll in den Wald. Andererseits bastelten sie aus alten Saftpackungen Vogelhäuschen.

Mit höchster Konzentration schlitterte ich über die Waldwege, bis ich an den Fluss kam, der durch den Park lief. Schon von Weitem sah ich eine vermummte Gestalt auf dem gefrorenen Gewässer. Zwischen Handschuhen hielt sie eine dunkle Stange. Ein Eisfischer!

Ich ging näher heran und blickte über den See. Hinter ihm entdeckte ich eine Langläuferin. Auf dem Weg, der um den Fluss herumführte, verlagerte sie ihr Gewicht gleichmäßig von Bein zu Bein und zog vorbei am Mann auf dem Eis. Ich stapfte durch den Schnee und scannte die vereiste Fläche. Von Walrössern war weit und breit keine Spur.

Eine halbe Stunde später war ich kurz davor, aufzugeben. Der eisige Wind biss mir in die Wangen. Meine Nasenspitze bizzelte vor Kälte. Vielleicht gab es die Walrösser gar nicht. Vielleicht hatte Ivo mir einfach einen russischen Bären aufgebunden. Der Eisfischer saß immer noch an der gleichen Stelle, als gehörte er in das Gemälde einer Winterlandschaft. Wie hielt er es nur ohne Bewegung in dieser Kälte aus? Irgendetwas musste doch dran sein an dem Sprichwort, das meine Redaktionskollegen immer wieder mal herbeizitierten:

„Was dem Russen guttut, bedeutet für den Deutschen den Tod."

Da entdeckte ich im Geäst zu meiner Linken eine windschiefe Holzhütte und direkt gegenüber – ein Loch im Eis! Groß wie ein Türrahmen klaffte es im gefrorenen Fluss. Ich lief die Böschung ein Stück hinauf und besah mir die Holzhütte genauer. Die Tür stand halb offen. Ich drehte mich noch einmal nach dem Eisloch um. Plötzlich knarzte es hinter mir. Die Tür der Hütte öffnete sich noch ein Stück weiter, und ein nackter Mann trat heraus. Ich erstarrte. Wie eine Erscheinung stand er plötzlich vor mir. Ein Yeti in den Bergen hätte mich nicht mehr überrascht. Ganz nackt war der Mann allerdings doch nicht, wie ich erleichtert feststellte. Um seine haarigen Beine schlackerten weite Boxershorts.

„*Strastwujte*", stammelte ich, obwohl ein Gruß unter Fremden in Russland gar nicht üblich war. Der russische Yeti sah mich an, grüßte zu meinem Erstaunen zurück und huschte dann auf nackten Füßen durch den Schnee – Richtung Eisloch.

Ich konnte mein Glück nicht fassen. Mein erstes Walross! So musste sich ein Jäger fühlen, der nach Stunden auf dem Hochsitz einen Hirsch vor die Flinte bekommt. Als ob ich fürchten müsste, den Mann durch eine unüberlegte Bewegung von seinem Vorhaben abzubringen, bewegte ich mich nicht von der Stelle.

Der Russe stieg eine kleine blaue Leiter am Ufer hinab. Stufe für Stufe ins Eiswasser: Füße, Waden, Becken, Brust. Bis schließlich auch der Kopf verschwunden war. Sekunden später tauchte der Mann laut prustend wieder auf. Ein Schwall Wasser spritzte ihm dabei aus dem Mund. Jetzt verstand ich, warum Verrückte wie er Walrösser hießen. Der Mann schüttelte sein Haar wie ein nasser Hund das Fell und stieg dann schwer atmend aus dem See. Ohne mich weiter zu beachten, lief er zur Hütte zurück. Das war meine Gelegenheit: Ich musste erfahren, was ihn zu dieser wahnsinnigen Tat getrieben hatte. Langsam schlich ich mich heran. Die Tür stand immer noch weit offen. In der Hütte trocknete sich das Walross mit einem Handtuch die Brust.

„Entschuldigen Sie bitte", setzte ich an und wurde mir sogleich der Komik der Lage bewusst. Bevor ich meine Frage stellen konnte, hatte sie der Mann wohl schon in meinen Augen gelesen. „Jetzt bin ich vor jeder Grippe sicher", brummte er. „So ein Bad im Eis hält gesund." Nie hätte ich gedacht, dass es einmal zu meinen Aufgaben als Journalistin gehören würde, in einem russischen Park spärlich bekleideten Männern nachzustellen.

Das Beste an der Moskauer Kälte war, dass ich Wärme nun mehr denn je genießen konnte. Nach der Arbeit tauchte ich ins heiße Badewasser, fuhr mit den Zehen über die Werbeaufkleber für Wodka und ließ dabei die halbautomatische Waschmaschine um ihr Leben rattern. Wenn ich mich besonders verwöhnen wollte, schmierte ich mir in der Banja Honig auf die Beine, wie ich es bei den Moskauerinnen beobachtet hatte.

Die russischen Romane, die mich über den langen Winter bringen sollten, lagen immer noch unberührt in meinem Zimmer. Ganz Moskau schien mir wie ein offenes Buch, in dem ich unablässig blättern wollte. Vieles verstand ich mit den Monaten immer besser. Manche Seiten der Stadt blieben mir aber verschlossen. Zögernd gestand ich mir ein, dass ich mich immer noch als Fremde fühlte. Moskau wirkte auf mich wie eine launische Gastgeberin. Mondän, mit wilder Vergangenheit und verletztem Stolz. Glamourös, kühl, und voller Widersprüche.

In unserer Kolumne „Planet Moskau" verglich ich die Stadt tatsächlich mit einem Menschen und beschrieb sie als meine „Liebe auf den zweiten Blick": „Moskau ist ein Egoist.

Seine Zeit ist knapp, sein Terminkalender voll und sein Leben eine Achterbahnfahrt. Er geht mit Siebenmeilenstiefeln und grüßt nie im Treppenhaus. Er liebt den Luxus und das Leben im Augenblick. Er betritt eine Wohnung nur ohne Schuhe, aber an Müllhalden vor der Haustüre stört er sich nicht. Er drängelt immer in der Metro und lacht nie in der Öffentlichkeit. Würde die Stadt in einer Kontaktanzeige für sich werben, gäbe es wohl nur wenige Zuschriften. Tatsächlich zieht es aber Millionen nach Moskau."

Mein Text endete mit einem Tipp, den ich vor allem mir selbst gab: „Moskau bemüht sich nicht um Sie, also bemühen Sie sich um Moskau. Fühlen Sie sich herausgefordert und erobern Sie die Stadt."

Wie ein Vampir saugte Moskau aus mir Energie. Doch dann passierte etwas, was mich mit der Welt im Allgemeinen und Moskau im Besonderen wieder versöhnte: Christian lud mich zu einem selbst gekochten Essen ein. Es war der Abend des *Starij nowij god*, des alten neuen Jahres. So nannte man in Russland den 13. Januar. Es war der Tag, an dem man sich endgültig vom vergangenen Jahr verabschiedete.

Ich wollte Christian mit einem Ritual überraschen, über das ich vor Kurzem gelesen hatte. Alles, was man dazu brauchte, waren Sekt, Papier und Stift. Während Christian über der Pfanne die ersten Eier zerschlug, stellte ich eine Flasche *Sowjetskoje Schampanskoje* kalt.

Der *borschtsch* war ein Gedicht. Christian kochte meine russische Lieblingssuppe mindestens so gut wie die mir bekannten Moskauer Restaurants. Löffel für Löffel zog ein warmes Gefühl in meinen Bauch. Als zweiten Gang servierte er eine saftige Schweizer Spezialität: Rösti – goldgelb wie die Moskauer Wintersonne. Dazu schenkte er uns trockenen Rotwein ein. Christian war ein Genießer, das konnte ich schon an der Art ablesen, wie er die Nase in das Glas hing und dieses vor jedem Schluck schwenkte, so dass der Wein hin und her schwappte, als sei seine Küche ein Schiff bei hohem Wellengang.

Nach dem Essen holte ich den mitgebrachten Sekt aus dem Kühlschrank und legte Papier und Stift auf den Tisch. „Was kommt jetzt?“ Christian schaute mich interessiert an. „Ich würde gerne mit dir einen russischen Brauch aufleben lassen“, sagte ich, was die Neugier in seinem Blick noch verstärkte. „Wir schreiben einen Herzenswunsch auf ein winziges Stück Papier. Das zerreißen wir und schmeißen die Schnipsel in den Sekt.“ „Was? Ich soll Papier trinken?“ Christian sah mich an, als ob ich ihm vorgeschlagen hätte, sich nackt in den Schnee zu werfen. „Nur so erfüllen sich unsere Wünsche. Erst wenn die Papierfetzen im Sekt schwimmen, dürfen wir trinken.“

Passt ein Herzenswunsch auf ein zwei mal zwei Zentimeter kleines Papier? Ich wusste, auf was ich hoffte, aber ich fürchtete mich davor, zu viel auf einmal zu erbeten. Das konnte nur Unglück bringen.

Christian schien nicht überlegen zu müssen. Er schrieb schnell und faltete sein Papier zusammen. Was hätte ich jetzt darum gegeben, seine Worte lesen zu dürfen. Aber wie überall auf der Welt durfte man auch in Russland Wünsche nicht verraten, damit sie sich erfüllen konnten.

Gleichzeitig rissen wir unsere Papiere in Stücke. Wie Schneeflocken wirbelten die Schnipsel durch den Sekt. Wir stießen an und der Klang der Gläser erinnerte mich an ein Weihnachtsglöckchen, das zur Bescherung ruft. „Auf ein gutes altes neues Jahr!“ Ich erhob mein Glas und Christian sagte leise: „Auf unsere Wünsche.“

Februar

Ich schmuggle mich als Russin ins Museum, trinke Kaffee mit einem Pechvogel und treffe einen Spezialisten für Herzensbrecher

Mit den ersten Februartagen verabschiedete sich die Sonne aus der Stadt, und der Schnee wurde fleckig wie ein alter Teppich. Plötzlich sah ich nur noch aggressive Autofahrer, launische Verkäuferinnen und rempelnde Russen. Mit einem Mal sehnte ich mich nach höflichen Floskeln und kundenorientiertem Routinelächeln.

Was Rainer Maria Rilke in einem Brief an seine verheiratete Geliebte Lou Andreas-Salomé über St. Petersburg geschrieben hatte, traf auch mein Moskaugefühl dieser Tage: „Ein fortwährendes Unterwegssein ist das Leben hier, wobei die Ziele alle leiden. Man geht, geht, fährt, fährt und, wo immer man auch ankommt, ist der erste Eindruck der der eigenen Müdigkeit."

Moskau hatte alles, was man sich von einer Metropole nur wünschen könnte: Vielfalt, Dynamik und Tempo. Trotzdem fehlte mir etwas. Vielleicht die Seele der Stadt? Vielleicht aber auch einfach russische Freunde.

Eine Sache wurde mir mit jedem Monat Moskau bewusster: Hier galt nichts für alle gleichermaßen. Irgendwo öffneten sich stets Hintertüren und langsam lernte auch ich, nach ihnen Ausschau zu halten. Das Leben spielte sich gewissermaßen auf doppeltem Boden ab.

Auch kunstliebende Ausländer bekamen das zu spüren. Etwa im Puschkin-Museum für Bildende Künste. Das neben der Tretjakow-Galerie berühmteste Moskauer Museum war nicht nur die erste Adresse für Kunst aus der Antike oder Malerei des 17. und 18. Jahrhunderts, sondern auch Heimat des schönsten Italieners der Stadt. Gleich in der untersten Ausstellungshalle wartete Michelangelos David auf die Besucher – freilich nur als Kopie. Aber auch wenn das Original in Florenz stand, genoss ich diesen Hauch Italien im russischen Winter.

Italiener, die nicht von Michelangelos Händen geformt waren, mussten schon an der Museumskasse mit Nachteilen rechnen – so wie jeder andere ausländische Besucher. Ein Russe kam für 100 Rubel in die heiligen Hallen der Kunst, alle anderen löhnten das Dreifache.

Hatte ich mir den Aufschlag im Puschkin-Museum noch widerwillig abknöpfen lassen, versuchte ich in der Neuen Tretjakow-Galerie, mich gegen den Ausländertarif zu wehren. „Ich bin keine Touristin, ich wohne hier", protestierte ich, als die korpulente Kassendame mit ihren kirschrot lackierten Fingernägeln auf den Höchstpreis zeigte. „Ich arbeite für einen Russen und zahle eine Moskauer Wuchermiete", sagte ich.

Die kirschroten Nägel trommelten jetzt auf die Tischplatte. „Sie haben einen deutschen Pass, also zahlen Sie den Ausländertarif. *Wot*. So." „Aber", setzte ich erneut an, da hatte sie mein Ticket bereits gedruckt und schob es wortlos durch den Schlitz.

Beim dritten Besuch im Museum war ich schlauer. Meine neue Strategie kam erstmals in der Alten Tretjakow-Galerie zum Einsatz. Sie war einfach, aber effektiv: Ich gab mich als Russin aus. Meine Absätze und Fingernägel waren zwar zu kurz und alles andere als kirschrot, aber den gelangweilten Gesichtsausdruck brachte ich hin. Zur Sicherheit klemmte ich mir noch eine russische *Marie Claire* unter den Arm.

An der Kasse begnügte ich mich dann mit einem Wort:

odin. Mehr zu sprechen, hätte mich verraten. Die Kurzform für *odin bilet*, ein Ticket, erwies sich als Sesam-öffne-dich. Ich reichte der Dame hinter Glas, die mich jetzt nicht einmal mehr ansah, meine abgezählten Rubel – und betrat die Ausstellung zum russischen Preis.

„Du hast ja doch etwas gelernt in Moskau", meinte Wladimir, als ich ihm am nächsten Tag die Episode erzählte. Auch wenn mich sein Lob amüsierte, hatte ich das Gefühl, eine Art Prüfung bestanden zu haben. Auf der Moskauer Schule für Schlitzohrigkeit.

„Hier gehen die Uhren halt ein bisschen anders als in Deutschland. Weißt du, warum mein russischer Chef auf Dienstreisen über deutsche Straßen rast und keine Angst hat, den Führerschein zu verlieren?" „Weil er sich in Moskau einen neuen kaufen kann?", scherzte ich. Wladimir sah mich überrascht an. „Woher weißt du das?" Einmal mehr hatte die russische Wirklichkeit meine Fantasie übertroffen.

Neben den weltbekannten Museen erkundete ich gerne Moskaus junge Galerien. Dort konnte man mobil telefonieren, Kaffee trinken und sogar Skateboard fahren. Es gab einen Preis für alle und Personal, an dem nicht nur die Fingernägel, sondern auch die Haare kirschrot leuchteten.

Im Privatmuseum „Art4.ru" konnten die Besucher sogar über die Kunstwerke abstimmen. An einer tresenähnlichen Kasse erhielt man mit dem Ticket Bewertungssticker. *Sa* und *Protiw* stand auf ihnen, *Dafür* und *Dagegen*. Jeder Besucher durfte sie unter Exponate kleben, die entweder besonders oder ganz und gar nicht gefielen.

Es war mein Ehrgeiz, so viel junge Kunst wie möglich zu sehen. So streifte ich durch die trendigen Galerien des „Winzawod", einer ehemaligen Weinfabrik, besuchte Vernissagen in frisch renovierten Räumen, die noch nach Putz rochen, und Fotoausstellungen in Kellerkneipen, die mit russischem Ska eröffnet wurden. Das Beste daran war: Ich lernte dabei nicht nur Kunst kennen, sondern auch Mascha.

Das Erste, was ich von ihr sah, war ihr Bild von der Welt. Aus weißen und braunen Reiskörnern hatte sie alle Länder des Globus gelegt. Groß wie eine Schultafel hing ihr Werk an der Wand. Als ich in einem Moskauer Museum für zeitgenössische Kunst zum ersten Mal davor stand, kamen mir Gedanken an Kolonialismus, Hungerkatastrophen, die globalisierte Lebensmittelindustrie. Es war eines der wenigen Exponate der Ausstellung mit einer globalen Perspektive. Die meisten anderen Werke beschäftigten sich mit spezifisch russischen Themen. Die Kuratorin vermittelte mir den Kontakt zur Künstlerin.

Wir trafen uns in einem Café hinter dem Moskauer Museum für moderne Kunst. „Ich heiße Maria, aber sag einfach Mascha", bot die junge Russin an. Sie war etwa in meinem Alter, trug einen roten Anorak und schwarze Stiefel. „Wenn jemand Maria zu mir sagt, fühle ich mich wie auf einer Behörde. Oder ich denke, ich habe etwas angestellt. Dann hat meine Mutter mich nämlich so gerufen." Bei meinen russischen Redaktionskollegen war mir schon aufgefallen, wie sehr die Moskauer Spitznamen liebten. Aus Olga wurde Olja, aus Swetlana Sweta, aus Alexander Sascha. Nur für meinen spanischen Namen schien es keine Koseform zu geben.

Wir bestellten Cappuccino und *Blini*, die russische Antwort auf das französische Crêpe. Es gab deftige mit Fleisch, Fisch, Kartoffeln oder Pilzen und süße mit Marmelade, Honig oder Schokocreme. Ich entschied mich für *Blini s sjomgoi*, Blini mit Lachs, Mascha nahm *Blini s gribami*, Blini mit Pilzen.

„Was hat dich dazu inspiriert, eine Weltkarte aus Reis zu gestalten?" Mascha löffelte den Schaum von ihrem Cappuccino und sah nachdenklich aus dem Fenster. „Viele Russen meinen, dass China irgendwann die Welt regiert. Die Chinesen sind fleißig, und es werden immer mehr." „Denkst du das auch?" „Nicht unbedingt, aber die Leute, die meine Reiskarte betrachten, tun das."

Auch wenn Natascha mich davor gewarnt hatte, wollte ich mit Mascha über Politik sprechen. „Als ich in den Neunzigern das erste Mal in Moskau war, träumten viele junge Russen von den USA. Ein Freund meiner Gastschwester wollte am liebsten einen Job bei McDonald's." Mascha lachte. „Ja, der Wind hat sich inzwischen gedreht." Sie wurde wieder ernst. „Nicht zuletzt wegen des Irak-Kriegs fürchten sich viele Russen heute wieder vor Amerika. Unter Putin hat der Patriotismus einen Aufschwung erlebt. Heute sind die Russen wieder stolz auf ihr Land." Mascha schüttelte ihre langen braunen Haare und steckte sie mit einer Klammer hoch. „Hast du gesehen, dass man an Souvenirständen Klopapier mit der amerikanischen Flagge verkauft?" „Ja, aber da gab es auch Rollen mit Euro- und Dollarnoten." „Und Bin Laden auf der Matrjoschka. Total verrückt, oder? Ich möchte wissen, wer so etwas kauft."

„Glaubst du, dass Demokratie die beste Staatsform für Russland ist?" Mascha seufzte. „Ja, das glaube ich. Aber in unserem Land gibt es keine Demokratie." Sie rührte lange mit dem Löffel in ihrer Tasse. „Vielleicht ein paar Generationen später. Die Menschen müssen lernen, öffentlich ihre Meinung zu sagen. Solange es ihnen noch einigermaßen gut geht, halten sie ihren Mund."

„Und was ist mit den Künstlern?" „Die Künstler interessieren sich gar nicht mehr unbedingt für Politik. Kunst sollte aber auch nicht Mittel zum Zweck sein, finde ich. Am Ende überdauert Kunst nur dann die Zeit, wenn sie etwas Allgemeingültiges vermittelt und Menschen noch Jahrzehnte später bewegen kann."

„Ihre Blinis! *Priatnogo Appetita!*" Eine Frau mit Yoko-Ono-Brille servierte unser Essen.

„Mmmh", Mascha stach in ihr Pilzblin. „Was hat dich eigentlich nach Moskau geführt?" Ich erzählte ihr von meinem Schüleraustausch und der Moskauer Deutschen Zeitung. Mascha hörte interessiert zu und wollte alles ganz genau wissen. „Fühlst du dich wohl in der Stadt?" „Moskau ist faszinierend. Aber manchmal stehe ich hier wie vor verschlossenen Türen." „Wie meinst du das?" „Als Journalistin bekomme ich zwar tiefere Einblicke als ein Tourist. Aber gelegentlich sind mir die Russen ein Rätsel." Mascha grinste. „Kann ich verstehen. Manchmal verstehe ich mich ja selbst nicht."

Der Petersburger Schriftsteller Oleg Jurjew zum Beispiel hatte bemerkenswerte Theorien über seine Landsleute. In einem seiner Texte erklärte er, warum Russen so leicht mit ihrem Gesetz in Konflikt geraten: „Da die staatlichen Gesetze in Russland immer ohne Rücksicht auf die russische Natur abgefasst wurden, war und bleibt es absolut unmöglich, sie in der Praxis vollkommen einzuhalten, wie sehr die Russen sich auch bemühen. So sind die Russen genötigt, sich für den praktischen Bedarf eigene Gesetze zu erfinden."

Dabei konnte man in Moskau jederzeit und überall kontrolliert werden. In keiner anderen Stadt hatte ich ein derartiges Aufgebot an Polizisten erlebt. Die strengen Gesichter der Milizionäre waren allgegenwärtig. Ich begegnete ihnen an Metrostationen, auf Bahnhöfen, in Einkaufszentren. Mehrmals wurde ich Zeuge, wie dunkelhäutige Kaukasier und andere Bürger ehemaliger Sowjetstaaten vor ihnen die Pässe öffneten und anschließend wohl ihr Portemonnaie.

Seit meinem Besuch auf einem russischen Polizeirevier mied ich Uniformierte wie ein Schwerverbrecher. Auch wenn ich mir keiner Schuld bewusst war – ihre bloße Anwesenheit machte mich nervös. Als mir Max, ein Bekannter, der als freier Journalist arbeitete, bei einem Kaffee von seinen Erfahrungen mit der Moskauer Miliz erzählte, bestätigte sich einmal mehr: Vorsicht war geboten.

„Ich spazierte über die Twerskaja und suchte nach einem Geburtstagsgeschenk für meine Freundin", begann Max seine Geschichte. Nach russischem Recht hatte er sich da bereits eines Vergehens schuldig gemacht: Er streifte ohne Registrierung durch die Hauptstadt. Wer länger als drei Tage in Moskau wohnte, war verpflichtet, sich dieses Papier zu beschaffen. Dafür musste der Vermieter den Wohnsitz schriftlich bestätigen. Aber wie so oft in Russland war dies einfach in der Theorie, aber schier unmöglich in der Praxis.

Denn Max konnte seinen Vermieter nicht zu der notwendigen Unterschrift bewegen. Kein Einzelfall. Immer wieder weigerten sich die Moskauer, ihre Mieter zu melden – aus Angst vor steuerlichen Abgaben. So blieb oft nichts anderes übrig, als sich an einem Ort zu registrieren, an dem man gar nicht wohnte. Vermieter, die verzweifelte Menschen als Phantome aufnahmen, verschafften sich so einen Nebenverdienst. Zudem boten auch halblegale Firmen an, einen Wohnsitz auf dem Papier zu bestätigen. Zum Glück hatte mein Vermieter unterschrieben. Ein ernster Mittfünfziger, der jeden Monat an der Tür klingelte, um sich die Miete bei Wladimir, Alexej und mir abzuholen.

Max aber hatte Pech und geriet in die Fänge der Polizei. „Die Bullen nahmen mich beiseite und verhörten mich in ihrem Wagen", erzählte er und fuhr sich über den Rand seiner Brille, als mache ihn die bloße Nacherzählung wieder nervös. „Dann fragten sie: ‚Tschto delat? Was machen wir?', und blickten wie strenge Studienräte. Am Ende drohten sie sogar damit, mich auszuweisen." „Wie hast du reagiert?" „Sie wollten mir eine Strafe aufbrummen, aber ich hatte kaum Bargeld bei mir. Also drängten sie mich, Geld abzuheben. Stell dir vor, sie begleiteten mich sogar noch zum Bankomaten." „Wie viel Geld wollten die denn?" Max sagte erst nichts. Ich konnte in seinem Gesicht sehen, dass ihm die Antwort peinlich war. „Na, sag schon." „200 Euro." „Was? Du hast 200 Euro bezahlt?" Es war für Max der teuerste Spaziergang seines Lebens.

Am Abend in der WG nahm ich mir vor, Wladimir zu fragen, wie man sich vor der Miliz am besten schützen konnte. Inzwischen wusste ich: Selbst wenn man sich nicht an die offiziellen Spielregeln hielt, gab es meist einen Weg, ungeschoren davonzukommen. Doch Ben war alleine zu Hause. Leider brauchten russische Ratten keine Registrierung. Ich wäre die Letzte gewesen, die gegen seine Ausweisung protestiert hätte.

Ich ging in mein Zimmer und legte mich mit der neuen Ausgabe von „*Afischa*" auf den Diwan. Der Moskauer Veranstaltungskalender verriet mehr über die Stadt als manches Buch. Wenn man parallel einen alten Stadtführer zur Hand nahm, verstand man sofort, wie Moskau sich im Zeitraffer entwickelt hatte. Von meiner ersten Russlandreise besaß ich noch den Marco Polo von 1991. Darin schrieb die Autorin Sätze wie „Eine sowjetische Durchschnittsfamilie verbringt pro Jahr etwa 550 Stunden in der Warteschlange" oder „Moskau ist keine Stadt für Nachtschwärmer". Dank Gorbatschows „trockenem Gesetz" dürfe sich auch niemand vor 14 Uhr betrinken.

Weniger als zwanzig Jahre später kann man auch schon vor 14 Uhr so viel trinken, bis einem die Kremlsterne um den Kopf tanzten. Nach 23 Uhr legen Moskauer Figaros noch Dauerwellen, oder ihre Kollegen verhelfen dem Hauspudel zu einer Fönfrisur. Die Stadt hat 24 Stunden geöffnet, und es würde sich jetzt lohnen, zu ermitteln, wie viel Zeit Nachtschwärmer in Warteschlangen verbringen – vor den Szene-Clubs. Als ich über die Veränderungen nachdachte, merkte ich: Auch in jungen Jahren konnte man sich fühlen, als hätte man bereits ein Jahrhundert auf dem Buckel.

Ich war gerade dabei, über dem Heft einzuschlafen, da hörte ich den Schlüssel in der Tür. Wladimir stand mit fünf prall gefüllten Plastiktüten im Flur. „Die Einkäufe sollten fürs Wochenende reichen", schnaufte er, noch außer Atem. Als Wladimir alles auf dem Küchentisch abstellte, hielt Ben seine Rattennase nach oben.

„Na, du riechst wohl Käse?" Wladimir klopfte an den Käfig. Dann holte er aus einer Einkaufstüte ein Stück Gouda, brach eine Ecke ab und schob sie durch die Gitterstäbe. Ben rannte erst eine Runde durch den Käfig, bevor er nach dem Käse schnappte. Was fand mein Mitbewohner nur an diesem Vieh?

„Sag mal, Wladimir, hast du eigentlich eine Registrierung?" „Nee, so was brauche ich doch nicht." Bingo! Hatte ich es mir doch gedacht. Es gab immer zwei Wege: den offiziellen und den russischen.

„Verrätst du mir dein Geheimnis? Was machst du, wenn Polizisten dich abkassieren wollen?"

Wladimir hörte auf auszupacken und schaute mich erstaunt an. „Welches Geheimnis? Schau, es gibt drei gefährdete Gruppen: Touristen, Ausländer und Männer mit dunkler Hautfarbe, etwa aus Tschetschenien."

Er klappte den Kühlschrank auf und legte den Gouda mit der Rattenecke hinein. „Ich gehöre zu keiner dieser drei, und du als Frau hast erst recht nichts zu befürchten." „Aber was, wenn es dich trotzdem mal erwischt?" „Dann würde ich nie mehr als 250 Rubel Strafe zahlen."

Ohne den Namen zu nennen, erzählte ich ihm die Geschichte von Max. Wladimir nickte. „Das ist typisch. Ausländer werden nun mal gerne ausgenommen. Aber als Russe lässt man das nicht mit sich machen." „Sondern?" Ich hatte die Sache immer noch nicht ganz verstanden. Wladimir verschränkte die Arme vor der Brust: „Man verhandelt." „Wie hoch ist die Strafe eigentlich offiziell?" „Das weiß vielleicht nicht mal die Miliz. Aber das Geld gehört ihnen sowieso nicht." „Das heißt, auch wenn die Milizionäre nur 250 Rubel kassieren, haben sie immer noch ein Geschäft gemacht." „*Totschno*, genau". Wladimir grinste. „*Teper wsjo ponjatno? Alles klar jetzt?*"

Mit der Moskauer Schlitzohrigkeit kontrastierte der russische Fatalismus. Der Glaube, dass ein Mann im Kreml alles, Millionen Wähler aber nichts bewirken können. Es schien mir die perfekte Ausrede für erlahmte Eigeninitiative. Der Mensch, so schien es, war in Russland vor allem das Produkt seiner Umstände.

„Auf lange Sicht könnte ich nicht in dieser Stadt leben", sagte ich eines Nachmittags zu Christian, als wir in seiner Küche saßen und er grünen Tee in seine handbemalten Tassen aus Usbekistan goss. „Ich verstehe einfach nicht, warum die Leute sich hier so viel gefallen lassen. Manchmal denke ich, sie ignorieren einfach, was vor sich geht."

Beispiele gab es viele. Etwa das Geiseldrama im Musical Nord-Ost. Während der Aufführung am 23. Oktober 2002 hatten 41 Tschetschenen das Moskauer Theater an der Dubrowka gestürmt und mehr als 830 Zuschauer in ihre Gewalt gebracht. Die Menschen waren für zwei Stunden Unterhaltung in das Theater gekommen, es wurden 57 Stunden Angst daraus. Wegen des von russischen Sicherheitskräften eingesetzten Betäubungsgases waren es für 130 von ihnen zugleich die letzten ihres Lebens. Die Behörden hielten die Zusammensetzung des Gases geheim, und so konnten viele Opfer nicht rechtzeitig behandelt werden. Trotzdem kamen zum Jahrestag dieser Tragödie nur ein paar hundert Menschen zusammen. Oder das Massaker in einer Schule im nordossetischen Beslan zwei Jahre später, als 331 Geiseln bei der Befreiung durch russische Einsatzkräfte starben.

„Warum sehen die Russen ihren Politikern sämtliche Sünden nach? Bei uns hätten die Bürger doch mindestens den Rücktritt der Regierung gefordert. Oder der Druck der Medien wäre so groß geworden, dass die Verantwortlichen von sich aus gegangen wären." „Manche Ereignisse werden in der Öffentlichkeit geradezu totgeschwiegen", sagte Christian und umfasste seine Teetasse mit beiden Händen. „Der Krieg in Tschetschenien ist auch so ein Tabu." Ich dachte an Natascha, die mich davor gewarnt hatte, mit Russen über Politik zu sprechen. „Ich möchte selbst einmal nach Tschetschenien reisen und sehen, wie es heute dort aussieht", sagte Christian. „Hättest du keine Angst?" „Inzwischen ist das nicht mehr so gefährlich. Ich will einfach mit eigenen Augen sehen, was passiert. Wie kann man sich ein Bild machen, wenn man nur Informationen aus zweiter Hand hat?" Christian stand auf und öffnete ein Päckchen gesalzene *semetschki*. „Na, hast du schon herausbekommen, wie man Sonnenblumenkerne knackt?" „Nein, aber das muss ich wohl lernen. Es scheint ja eine Art russischer Sport zu sein."

So knabberten wir *semetschki* und tranken Tee. Wenn Russland mich mit meinen Fragen alleine ließ, tat es mir besonders gut, mit Christian zu sprechen. Inzwischen gehörte seine Küche zu meinen Lieblingsplätzen in Moskau. Von Christians Eckbank aus blickte ich gerne über die Dächer der Stadt. Die Spitze des Außenministeriums steckte heute unter dichtem Nebel, als arbeiteten die Beamten der obersten Etagen bereits im Himmel.

Im russischen Kulturleben interessierte mich vor allem die junge Generation, aber ich genoss es, auch mit großen Namen zu sprechen. Da die meisten Künstler im Ausland kaum bekannt waren, konnte ich ihnen unbefangen begegnen.

So ging es mir auch mit Wladimir Mirsojew. Ich lernte den Regisseur auf der Pressekonferenz zu seinem ersten Kinofilm *„Snaki Lubwi,* Zeichen der Liebe" kennen. Untertitel: „Ein Märchen für Erwachsene." Das Werk war eine Verballhornung der Casanova-Geschichte: Bei einer spiritistischen Sitzung fährt der Geist des italienischen Frauenhelden in ein tumbes Raubein ohne Manieren, das damit zum Herzensbrecher wird.

Ich mochte Mirsojew auf Anhieb. Wie ich auf der Pressekonferenz erfuhr, war der gebürtige Moskauer mit dem grauen Bart und den lebhaften blauen Augen vor allem für seine Theaterarbeit bekannt. Mirsojew hatte in und außerhalb der Heimat inszeniert und Fernsehserien produziert, etwa 1995 „Sommer im Kirschgarten" über eine Aristokratenfamilie, die nach dem Zerfall der Sowjetunion nach Russland zurückkehrt.

„Unser Casanova ist ein wilder Typ, sehr primitiv, fast ein Affe", sagte Mirsojew, als wir zum Interview in seinem Esszimmer saßen. „Genetisch gesehen haben wir Menschen noch viel mit den Affen gemeinsam, und im Leben wie in der Politik verhalten wir uns auch manchmal wie solche." Mirsojews großräumige Wohnung unweit der Christi-Erlöser-Kathedrale war mit Liebe zum Detail eingerichtet. Seine Frau, eine anmutige Gestalt mit langen Locken, die ihr Gesicht einrahmten, als sei es ein Gemälde, tischte Tee und Gebäck auf und verschwand dann lautlos ins Nebenzimmer.

Mirsojew war so etwas wie ein Spezialist für Herzensbrecher. Im Moskauer Jewgenij-Wachtanow-Theater hatte er nur wenige Monate zuvor Molières „Don Juan" inszeniert. *„Gospodin Mirsojew",* begann ich, „was unterscheidet eigentlich Don Juan von Casanova?" „Don Juan nutzt die Frauen als Schlüssel, um Antworten auf seine Fragen zu finden. Casanova dagegen ist tatsächlich verliebt." Der Regisseur strich sich über den Bart. „Casanova ist ein viel zeitgenössischerer Männertyp als Don Juan." „Warum das?" „Casanova mochte emanzipierte Frauen. In seinen Memoiren spricht er davon, dass er ihnen Bücher gab und mit ihnen diskutierte."

„Und welcher Männertyp ist Ihrer Meinung nach in Russland häufiger anzutreffen?", fragte ich halb im Scherz. Doch Mirsojew antwortete ernst: „Wir leben leider in einer patriarchalischen und sexistischen Gesellschaft. Das verändert sich zwar, aber langsam." „Wie zeigt sich das?" „In unserer politischen Landschaft gibt es kaum wichtige Frauen. Und es ist akzeptiert, dass der Chef eine sexuelle Beziehung zu seiner Sekretärin hat." Das hatte ich in Moskau noch nicht erlebt, dass ein Mann seine Geschlechtsgenossen so kritisch beschrieb. Aber schließlich zeugte es auch von einer guten Portion Selbstironie, Casanova als testosterongesteuerten Chaoten durch eine Kinogeschichte stolpern zu lassen. „Auf der Pressekonferenz sagten Sie, Sie sehen sich in der Tradition von Schriftstellern wie Michail Bulgakow und Nikolaj Gogol. Was haben Sie von diesen Künstlern gelernt?" „Mir gefällt, wie sie realistische und fantastische Elemente mischen. Das machen wir auch in unserem Film. Wir stehen in der Tradition eines russischen magischen Realismus." Mirsojew bemerkte, dass meine Teetasse leer war, und schenkte nach. „Für die russische Kunst war es schon immer typisch, Genres zu mischen. Denken Sie nur an Dostojewskis ‚Verbrechen und Strafe'. Eine Kriminalgeschichte, die aber voller philosophischer Gedanken steckt." Mit einem Menschen zu sprechen, der in unterschiedlichen Kunstformen zu Hause war, hatte für mich einen besonderen Reiz.

„Leider versuchen russische Filmemacher heute, Hollywood zu kopieren. Das ist aber unmöglich." „Dabei können die Russen doch selbst auf großes Kino zurückblicken. Eisenstein, Tarkowski ...", warf ich ein. „Ja, wir sollten unsere Traditionen nicht verleugnen. Man kann ja mit Hollywood-Mustern arbeiten, aber muss sie in den eigenen Kontext integrieren. Alles andere ist dumm und funktioniert nicht." Mirsojew sah mich nachdenklich an: „Sehen Sie, wenn die Kinogänger die Wahl haben zwischen einem amerikanischen Blockbuster und einem russischen Imitat, bevorzugen sie die amerikanische Version." Der Regisseur zuckte ratlos mit den Schultern und ließ ein Stück Zucker in seinen Tee fallen. „Wir leben in einer Zeit primitiver Kultur. In meiner Jugend, den Achtziger, und Neunzigerjahren, gab es eine Phase der Dekadenz, den Niedergang der sowjetischen Kultur." Er strich sich wieder über den Bart. „Nun ist in Russland eine neue Zeit angebrochen. Heute ist es notwendig, auf verschiedenen Ebenen zu arbeiten. Man nimmt ein leichtes Genre, etwa das Märchen, den Western oder die Detektivgeschichte, und verflicht damit philosophische und ästhetische Ideen. Shakespeare, den ich immer wieder inszeniert habe, bewegte sich auch zwischen philosophischen Gedanken und primitiven Strukturen."

„Warum halten Sie die heutige Kultur in Russland für primitiv?" Mirsojew führte seine Teetasse zum Mund und setzte sie wieder ab, ohne zu trinken. „Im kollektiven Unterbewusstsein gibt es momentan sehr viel aggressive Energie. Das hat nicht nur mit der wirtschaftlichen Situation zu tun. Ich denke, es kommt von einem riesigen Minderwertigkeitskomplex. Der rührt noch vom Zusammenbruch der Sowjetunion".

Mirsojew überlegte einen Moment und fragte mich dann: „Kommen Sie aus West- oder Ostdeutschland?" „Aus dem Westen." Der Regisseur nickte. „In Ostdeutschland hat man sich eingestanden, dass der Kommunismus für das Land ein Desaster war. Ein historisches, politisches und ethisches Desaster. Die Menschen in Russland möchten sich mit solchen Gedanken nicht auseinandersetzen, die Regierung leider auch nicht. Aus der Psychologie wissen wir aber, dass man ein Trauma so nicht bewältigt."

„Kann man die Menschen über das Kino zum Nachdenken bringen?" „Unsere Regierung möchte, dass man sich auf patriotische Weise mit Themen wie dem Krieg beschäftigt. Die Politiker mögen keine Kritik im Kino, sie wollen nicht, dass man die Wahrheit zeigt. Es ist beispielsweise schwer, einen Film über die Stalinzeit zu drehen und dabei ganz offen zu sein. Wenn ich darüber schreiben könnte, würde ich es tun. Aber die drei Millionen Dollar für einen Film kann ich nicht aus eigener Tasche bezahlen. Wenn man nicht die Wahrheit sagen kann, sagt man besser gar nichts."

„Sie resignieren also?"

„Ich denke, es ist eher eine Form von Kompromiss als Resignation. Zumindest keine Kollaboration. Ich würde gerne politische Filme machen, aber ich möchte nicht lügen." Mirsojew schenkte uns neuen Tee nach. „Mich interessiert die Zeit, über die Alexander Puschkin in seinem Drama ‚Boris Godunow' spricht. Da gibt es viele Parallelen zur russischen Gegenwart, vor allem eine sehr merkwürdige Vorstellung von Macht. Egal ob jemand in diesem Land als Demokrat oder Monarch beginnt – er wird zum Tyrannen. Man kann ihn Präsident nennen oder Generalsekretär der Kommunistischen Partei, es spielt keine Rolle." „Wenn es so ist, wie Sie sagen, warum wehren sich die Menschen nicht dagegen?"

„Weil diese Vorstellung von Macht ihrer eigenen entspricht. Sie verstehen nicht, dass Macht kontrolliert werden muss. Man kann das vergleichen mit einem Kind, das den eigenen Vater als einen Menschen mit enormer Ausstrahlung und Macht erlebt, dem keine Grenzen gesetzt zu sein scheinen. Die Russen sehen ihr Oberhaupt als so eine Vaterfigur. Denken Sie an Freud. Das ist ein infantiler Komplex, die Menschen sind sich dessen nicht bewusst."

„Aber nun haben Sie ja selbst eine unpolitische Casanova-Komödie gedreht." „Vielleicht wird man uns das vorwerfen. Wenn der Film *Snaki Lubwi* eine politische Bedeutung hat, ist es jene, dass er das politische Leben in Moskau nicht thematisiert. In diesem Sinne macht er auch eine Aussage." „Und das genügt Ihnen?" „Wir setzen kleine Zeichen. In unserem Film sprechen sich die Menschen zum Beispiel nicht mit Herr an, sondern mit Genosse, als ob wir immer noch in der Sowjetunion leben würden."

Zum Porträtfoto posierte Mirsojew noch mit Ohrenklappenmütze im Schnee, dann fuhr ich nachdenklich nach Hause. Es war bereits dunkel, als ich an unserer Haustür den Code eingab. Der Schnee klebte unter meinen Stiefeln. Ich fror und war froh, wieder ins Warme zu kommen.

Im Treppenhaus roch es nach Urin. So streng, dass ich mir die Nase zuhalten musste. Rechts hinter der Tür sah ich einen dicken bärtigen Mann ausgestreckt auf dem Steinboden liegen. Seine Beine steckten in fleckigen Stiefeln. Auf seinem pockennarbigen roten Kopf saß eine ausgeleierte schwarze Wollmütze. Strähnige graue Haare fielen in sein Gesicht. Lebte er noch? Ich beugte mich über ihn und sah erleichtert, wie sich sein Bauch unter dem schwarzen Mantel hob und senkte. Er schlief.

Im Zimmer meiner Mitbewohner brannte nur die Schreibtischlampe. Die Lüftung von Wladimirs Laptop surrte wie ein Ventilator. *„Priwet Wlad!"* Ich steckte meinen Kopf kurz in sein Zimmer und setzte dann Wasser auf. *„Tosche budjesch tschai?* Nimmst du auch einen Tee?", rief ich durch die Wohnung. Inzwischen hatte ich ihn dazu überredet, mit mir Russisch zu sprechen. „Gerne." Wladimir kam in die Küche und ließ sich auf einen der Holzstühle fallen.

„Ich brauche sowieso mal eine Pause. Diese Doktorarbeit kostet viel Energie." „Es ist aber auch unglaublich, mit wie vielen Jobs du jonglierst. Die Arbeit im Büro, die Dienstreisen und dann auch noch die Doktorarbeit." „Ach, in Russland ist das gar nicht so ungewöhnlich", wiegelte Wladimir ab, wurde aber doch ein wenig rot. „Wo ist eigentlich Alexej? Ich habe ihn schon seit Ewigkeiten nicht mehr gesprochen." „Bei seiner Freundin." „Er hat eine Freundin??", sagte ich eine Spur zu erstaunt. Hoffentlich dachte Wladimir jetzt nicht, dass ich Alexej für einen unansehnlichen Angeber hielt, dem eine Beziehung zum anderen Geschlecht nicht zuzutrauen war. „Sag bloß, du hast gedacht, er ist schwul." „Na ja. Woher sollte ich wissen?", stotterte ich. „Schließlich schlaft ihr ja auch in einem Zimmer." Einen Moment lang sah mich mein Mitbewohner an, als hätte er die Ratte Ben verschluckt. „Du meinst ...? Du hast gedacht ...?" Wladimir rang mit den Worten. Dann lachte er laut, aber es wirkte ein wenig gekünstelt. *„Njet, njet, njet.* Wir verstehen uns, aber nicht sooo." Ich wagte nicht nachzuhaken.

„Alexej hat schon lange eine Freundin, aber frag mich nicht, warum er sie so selten sieht", sagte er schließlich. „O.k., ich frage nicht. Aber dir darf ich doch eine persönliche Frage stellen, oder?" Jetzt grinste Wladimir. „Noch bin ich nicht vergeben, wenn du das meinst." „Danke für die Information, aber ich wollte etwas anderes wissen: Was hältst du vom russischen Präsidenten?"

Inzwischen war der Tee fertig und ich setzte mich zu ihm an den Tisch. „Wird das jetzt ein Interview?" Wladimir betrachtete mich amüsiert. „Ich finde, er macht einen guten Job." „Aber was ist mit der politischen Freiheit? Stört es dich nicht, dass sich zum Beispiel nur ein kleines Häufchen zum Gedenken an das Geiseldrama Nord-Ost versammelt? Dass Regierungsgegner eingeschüchtert werden oder nicht frei demonstrieren dürfen?" „Ach, euch im Westen geht es immer nur um Freiheit", Wladimir schüttelte den Kopf. „Aber was ist mit materiellem Wohlstand? Der Freiheit, die Geld bieten kann? Auch in Russland möchten sich die Leute ein Auto leisten und schön Urlaub machen." Ich wollte einhaken, aber Wladimir sprach schnell weiter: „Uns Russen geht es heute besser als je zuvor. Löhne werden regelmäßig ausgezahlt, und schau dir Moskau an. Die Stadt ist ja nicht wiederzuerkennen." Von dieser Seite hatte ich die Dinge noch nicht betrachtet.

März

Ich feiere Frauentag, werde in die Geheimnisse des Moskauer Liebeslebens eingeweiht und von einem russischen Kavalier nach Hause gebracht

Am 8. März hatte jeder Russe seinen Auftritt als Romeo. „Schenkt den Frauen Blumen", warb ein Plakat in der Moskauer Metro, und zumindest am internationalen Frauentag folgten die Russen diesem Rat. Stoppelbärte und Adamsäpfel verschwanden hinter bunten Gestecken. Und das nicht etwa, weil es ein schlechtes Gewissen zu beruhigen galt, was man einem Blumenkavalier in Deutschland leicht unterstellte.

Von der russischen Liebe zum Frauentag hatte ich gehört, staunte aber über deren Ausmaß. Ein einziger Märztag verwandelte Moskau in ein Meer aus Blumen. Zur Rushhour gab es nun mehr Rosen als Russen auf den Rolltreppen der Metro. Um die erhöhte Nachfrage zu decken, stellten die Händler allein am Kiewer Bahnhof zwanzig neue Blumenstände auf. Unter weißer Plane banden sie bunte Sträuße und schrien durcheinander: *„Sweschije rosi*, frische Rosen." Die beste Werbung für ihre Ware aber war der Blumenduft, der nun über dem Bahnhof hing.

Nicht nur meine russischen Kollegen ließen sich von der Feiertagseuphorie anstecken. „Alles Gute zum Frauentag!", hörte ich am Morgen in der Redaktion Christians Stimme hinter meinem Rücken. Als ich mich umdrehte, lächelte er mich hinter einem Strauß gelber Tulpen ein wenig verlegen an und hauchte mir einen Kuss auf die Wange. Obwohl mich seine Lippen kaum berührten, bekam ich sofort Gänsehaut. Hühnerhaut hätte Christian auf Schweizerdeutsch gesagt, doch er ahnte ja nicht einmal, was er gerade mit mir angestellt hatte. Um meine Verlegenheit zu überspielen, stellte ich seine Tulpen schnell in eine Wasserflasche neben meine Tastatur.

„Auch von mir alles Gute." Ohne dass ich ihn hatte kommen hören, stand mein Kollege Tino plötzlich mit einer Tafel Aljonka-Schokolade im Zimmer. Hinter ihm trat unser Chef Herr Podwigin durch die Tür, verbeugte sich filmreif und küsste mir die Hand. Warum war eigentlich nur ein Mal im Jahr Frauentag?

Um die Mittagszeit wurden sämtliche Mitarbeiterinnen aus Redaktion und Verlag ins große Konferenzzimmer gebeten. Dort lagen bereits Plastikteller und Servietten. Unser Kollege Dmitrij verteilte gerade die Trinkbecher. Und dann ging es los: Aus Tüten und Taschen zog Dmitrij eine süße Überraschung nach der anderen: Baumkuchen, Ananastorte und *scharmel*, eine russische Kreuzung aus Mohrenkopf und Milchschnitte.

Dazu kamen deftige *sakuski*, Vorspeisen: Gurken, Heringe, Trauben. Als Höhepunkt der Tischlein-deck-dich-Zeremonie zauberte Dmitrij eine Flasche *Sowjetskoje Schampanskoje* aus einer schwarzen Tüte. Die Damen klatschten, Dmitrij grinste. Dann hob er mit uns das Glas.

„Wir haben uns heute hier zusammengefunden, um den besten Menschen auf dieser Welt unsere Ehre zu erweisen." An dieser Stelle machte er eine Pause, holte tief Luft und blickte in die Runde: „Den Frauen!" Die Worte gingen ihm ohne jede Ironie über die Lippen. Sprach etwa schon der *Schampanskoje* aus ihm?

„Diesen verehrungswürdigen, wunderschönen und überaus liebreizenden Geschöpfen gilt unser großer Dank." Dmitrij blickte bedeutungsvoll von einer Dame zur anderen. „Sie versüßen unser Leben, und daran soll uns heute auch der

Kuchen erinnern." Jetzt machte mein Kollege eine zweite denkwürdige Pause und ließ seine Worte ausklingen wie eine klassische Sonate.

„So, lasst uns trinken auf euch, liebe Frauen!" Dmitrij erhob erneut sein Glas, die Kolleginnen klatschten wieder und damit war das Buffet eröffnet. Während die Damen mit ihren Plastikgabeln in Kuchen und Käse stachen, holte Dmitrij eine weitere schwarze Plastiktüte unter dem Tisch hervor.

„So, und nun", sagte er mit verschwörerischer Stimme, „gibt es für unsere allerliebsten Damen noch eine kleine Aufmerksamkeit." Aufgeregtes Gekicher füllte den Raum. Dann zog Dmitrij kleine Präsente aus seiner Wundertüte: Pralinen und Porzellanfiguren.

Als ich an der Reihe war, drückte er mir ein Glas in die Hand, in dem eine Kerze aus rotem Wachsgel schwabbelte. „Mit den allerbesten Wünschen zum Frauentag!", säuselte Dmitrij mir ins Ohr, seine Stimme süßer als Zarenhonig.

Die Liebe vieler Russen zum Kitsch war mir schon mehrfach aufgefallen. In Wohnzimmervitrinen etwa, wo miniberockte Keramikschweinchen oder Plastikhasen mit Styroporherz so regelmäßig anzutreffen waren, dass man sie für mitgeliefertes Inventar halten konnte.

Auch auf den Monitoren unserer Layouterinnen waren Häschen, Mäuschen und Bärchen liebevoll aufgereiht. Nachdem jede Dame ihr Präsent in Händen hielt, stießen wir alle noch einmal an und dann noch einmal und dann noch einmal, bis der Arbeitstag schon fast zu Ende war. Das war nun aber auch schon egal. Schließlich hatte ich für einen klaren Satz sowieso schon zu viel *Schampanskoje* im Blut.

Was mich in Moskau noch mehr überraschte als die Metamorphose sämtlicher Männer zu Süßholzrasplern am 8. März, war das Auftreten von Frauen und Männern an den restlichen Tagen des Jahres. Während nicht wenige Moskauerinnen morgens in der Metro wirkten, als seien sie auf dem Weg in eine Modelagentur, ließen sich die Männer ihre Bemühungen um ein attraktives Äußeres nicht unbedingt anmerken.

Die Moskauerinnen färbten Lider und Lippen, zupften Augenbrauen und stöckelten manchmal selbst jenseits des 60. Lebensjahres in Knallfarben über das Kopfsteinpflaster. Die Röcke der Russinnen waren kürzer und ihre Fingernägel länger als jene der deutschen Frauen. Man sah die Moskauerinnen auch nie in Birkenstocks oder Bioleinen. Lieber balancierten sie auf bleistiftlangen Absätzen und trugen nietenbesetzte Lederstiefel, die bis zum Oberschenkel reichten und der Mode für Berlins leichte Mädchen zum Verwechseln ähnlich sah.

Als ich einmal mit Marina, einer modebewussten Bekannten, auf den aufreizenden Stil der Moskauerinnen zu sprechen kam, meinte sie mit gespielter Entrüstung: „Soll ich meine Beine etwa zeigen, wenn ich neunzig bin?" Dieser Logik konnte auch ich mich nicht entziehen.

Die Männer lenkten die Aufmerksamkeit lieber auf Brusthaare als eine neue Frisur, glänzten eher mit iPods als mit seidigen Hemden.

Dieses Ungleichgewicht schien jedoch niemanden in meiner Umgebung zu überraschen. Niemals war ich einer Frau begegnet, die den Männern ihre Nachlässigkeit verübelt hätte. Im Gegenteil. „Ein Mann, der sich zu sehr pflegt, ist womöglich mehr an seinem Äußeren als an seiner Liebsten interessiert", klärte mich Natascha auf.

Wann also war ein Mann ein Mann? Um die Frage zu beantworten, mit der Herbert Grönemeyer Musikgeschichte schrieb, brauchten die Russen nur ein Wort. Ein echter Kerl war ein *muschik* und besaß sämtliche Eigenschaften, die ihn von der Memme unterschieden. Als da wären: Souveränität,

Stärke, Sex-Appeal. Ein Macho? Ja. Meist eben auch ein Modemuffel. Dafür ließ er gerne Muskeln spielen wie Wladimir Putin beim Angelausflug.

Einen *muschik* verkörperte auch der „Admiral", der Held des gleichnamigen Blockbusters von Andrej Krawtschuk. Dieser furchtlose Seemann warf sich im Film stoisch in die Schlacht, schaffte es aber in 125 Filmminuten nicht einmal, die Frau seines Herzens richtig zu küssen. Was nicht bedeutete, dass er zu großen Gefühlen nicht fähig war. Der „Admiral" war einfach ein Held, der sich privates Glück erst erlaubte, nachdem er die Welt gerettet hatte.

Im wahren Leben zog sich der *muschik* allerdings eher ins Private zurück, als Geschichte zu schreiben. Kann er nicht kochen? Drückt er sich vor dem Abwasch? Kein Problem. „Wenn ein Mann viel putzt und sehr ordentlich ist, bekomme ich Angst", hatte ich schon von einer Moskauerin gehört.

Eine andere Russin gestand mir, sie halte es für unmännlich, wenn der Liebste Windeln wechselt. In erster Linie zähle doch, dass er gutes Geld nach Hause bringe. Stimmte die Haushaltskasse, dann konnte frau schon mal beide Augen zudrücken, wenn der Gute abends die Beine hochlegte, anstatt Broccoliaufläufe in den Ofen zu schieben.

Der *muschik* musste auch nicht unbedingt wissen, wie viel Grad Wollsachen in der Waschmaschine vertrugen, sollte selbige jedoch im Notfall reparieren können. Er brauchte nicht zu duften, durfte aber öffentlich eine Handtasche bei sich tragen. Die lederne *barsetka* für Mobilnik und Moneten war unter Moskauern keine Schande, sondern eine Selbstverständlichkeit.

Das Herz freilich lag dem *muschik* nicht immer auf der Zunge. Stattdessen aber das eine oder andere obszöne Wort. Moskaus starke Männer kommunizierten untereinander gerne in *mat*, der russischen Fluchsprache. Auch dazu hatte sich der Schriftsteller Oleg Jurjew seine Gedanken gemacht. Mutterflüche, so schrieb er, seien ein spezieller Fall „hieroglyphischer Kommunikation, mittels deren die Russen einander wunderbar verstehen." Gut für die Russen, ich wusste jedenfalls nicht, welche subtilen Unterschiede existierten zwischen „Auf den Schwanz, Hure" oder „Ich habe deine Mutter gevögelt".

Der gute Freund einer Arbeitskollegin, der nach eigenen Angaben für den russischen Geheimdienst arbeitete, lieferte mir eines Abends ein anschauliches Beispiel für einen waschechten *muschik*. Breite Brust, muskulöse Oberarme, kehliges Lachen – so saß Pjotr mir gegenüber, als wir in großer Runde beim Aserbaidschaner aßen. „Bist du nicht einsam im großen Moskau?", fragte er mich mit der tiefsten Stimme der Stadt. Als ich mich um eine Antwort drückte, stieß er mit mir auf die russisch-deutsche Freundschaft an.

Echte Probleme hatte ich nur mit den Männern, die ich insgeheim Lamas nannte. Es war kaum möglich, die zehn Minuten vom Roten Platz zum Bolschoi Theater zu spazieren, ohne dass vor, hinter oder neben mir ein männliches Wesen aufs Pflaster spuckte. Von der unappetitlichen Sitte zeugten die Schleimspuren auf Moskaus Straßen. Stellenweise glänzte der Asphalt, als seien Armeen von Schnecken über ihn hinweggezogen. Doch ein *muschik* genoss eben Narrenfreiheit. Zumindest solange er nicht die Rosen zum Rendezvous oder die romantischen Schwüre am Frauentag vergaß.

Viel schwerer zu verstehen als die Eigenheiten von Frauen und Männern war ihr Verhältnis zueinander. Zum Glück gab es Natascha, die mich in die Geheimnisse der russischen Liebe einführen konnte. Wenn auch nur *teoretitscheski*. *Praktitscheski* war ich nicht darauf aus, mir einen russischen Rosenkavalier an Land zu ziehen. Aber es konnte ja nicht schaden, die Spielregeln zu kennen.

Einige Wochen nach dem Frauentag trafen wir uns nahe der Twerskaja in einem dieser todschicken Cafés, vor denen Bentleys standen und in denen ich mir den billigsten Drink gerade noch so leisten konnte. Die meisten Menschen hier sahen aus, als seien sie einem Werbespot entstiegen. Am Nebentisch paffte ein Mann Zigarre, während sich seine Finger in das tiefe Dekolleté seiner langmähnigen Freundin verirrten. Die ernsten Ober in ihren gestärkten Hemden bewegten sich so unauffällig zwischen den Gästen, als seien sie Geheimdienstler.

„Eigentlich ist alles ganz einfach." Natascha nippte an ihrem Rotwein und sah mich an wie eine Lehrerin, die neuen Stoff einführt. „Merk dir das: Es läuft nicht so wie in Deutschland." Das hätte ich auch nicht erwartet, aber diesen Kommentar verkniff ich mir. „Bei euch wissen die armen Männer ja gar nicht mehr, wer sie sind und was von ihnen erwartet wird. Und was noch trauriger ist: Die Frauen versuchen, wie Männer zu sein. Verrückt!" „Denkst du etwa, die Emanzipation ist bei uns zu weit gegangen?" „Deutsche Frauen verleugnen ihre Weiblichkeit, das denke ich!" Natascha spitzte ihre roten Lippen. „Sie kleiden sich ja sogar wie Männer, um nur ja nicht als sexuelle Wesen wahrgenommen zu werden." „Aber das stimmt doch gar nicht", platzte ich heraus, musste ihr innerlich aber doch ein Stück weit Recht geben. Goldene High-Heels und glitzernde Handtaschen gehörten ins Moskauer Stadtbild wie der Wodka auf die Familienfeier.

„Das heißt aber nicht, dass Russinnen nicht stark sein müssen", fuhr Natascha fort. „Oft schultern sie die ganze Verantwortung für Haus und Familie. Sogar um die Verhütung müssen sie sich meist alleine kümmern." Ich dachte an mein Gespräch mit dem Regisseur Mirsojew. „Denkst du auch, dass die russische Gesellschaft sehr patriarchalisch ist?" „Durch und durch. Die russischen Männer spielen gerne den starken

Mann. Das wollen übrigens auch ihre Frauen. Aber die Guten wären verloren ohne uns."

In diesem Moment schwebte ein attraktiver Ober an unseren Tisch. Seine Locken erinnerten mich an Michelangelos David. Natascha würdigte ihn keines Blickes. „Warum glaubst du, dass deutsche Männer nicht mehr wissen, wer sie sind?" Natascha nahm einen großen Schluck Wein und begutachtete ihre roten Fingernägel im Kerzenlicht. „Wer in Deutschland der Dame die Tür aufhält, kriegt zu hören, dass er von gestern ist. Und macht er gar ein Kompliment zu ihrer Figur, riskiert er eine Ohrfeige – oder gleich eine Anzeige wegen sexueller Belästigung."

„Und hier?" „Na ja, sagen wir mal so. Ein Klaps auf den Po ist kein Grund für einen Herzinfarkt." Jetzt lachte sie so heftig, dass die Kerze ausging. „Natascha, gibt es in Russland eigentlich feste Regeln, wie Frauen und Männer sich verabreden?"

„Niedergeschrieben hat sie noch niemand, soweit ich weiß, aber trotzdem gelten sie." Natascha lächelte verschmitzt. „Vielleicht sollte ich diese Marktlücke füllen. Was meinst du?" Über diese Vorstellung musste sie gleich wieder lachen. „Also, meine Liebe, wenn er dir nach einem Jahr weder einen Heiratsantrag noch einen Babybauch gemacht hat, ist etwas schiefgelaufen. Ich weiß, in Deutschland lebt man zusammen, als ob es das ewige Leben schon auf Erden gäbe. Und wenn die Frau nach fünf Jahren doch mal von Heirat spricht, macht der Mann die Sause. Verstehst du?" Jetzt war ich diejenige, die lachen musste.

„Na ja, das beginnt sich in Russland natürlich auch zu wandeln." Natascha ließ ihre Augen durch den Raum schweifen. „Vor allem in einer Metropole wie Moskau. Heute wollen viele Frauen erst mal Karriere machen, bevor sie an Ehe und Familie denken." An dieser Stelle hätte ich sie gerne gefragt, ob sie sich denn selbst Kinder wünschte, wagte es aber nicht.

Vielleicht weil Natascha über Beziehungen sprach, als habe das Thema nicht das Geringste mit ihr selbst zu tun. „Man ist mit 25 keine alte Jungfer mehr, aber trotzdem nimmt man sich hier nicht so viel Zeit. Hü oder hott, darum geht's. Lieber die Katze im Sack als gar kein Mann, verstehst du?"

In Russland, wo die Rollen zwischen Mann und Frau anders verteilt zu sein schienen, fühlte ich mich auf dünnem Eis. Einmal bin ich sozusagen eingebrochen. Er hieß Kostja. Eigentlich Konstantin, aber so nannte ihn niemand. Ich lernte ihn bei der Geburtstagsfeier einer russischen Bekannten kennen.

Weil er ein Semester in Heidelberg studiert hatte, sprach er gut Deutsch, blieb aber mit mir stets beim Russischen. Vielleicht hielt er das für höflicher. Vielleicht fürchtete er auch, Fehler zu machen. Ich wusste es nicht, war aber überzeugt, dass ich mehr Grund hatte, mich vor der Fremdsprache zu fürchten.

O.k., es war nicht logisch, dass ein einziger Besteckkasten im Deutschen gleich drei Geschlechter zu bieten hatte – *die* Gabel, *das* Messer und *der* Löffel. Doch derartige Schwierigkeiten standen für mich in keinem Verhältnis zu den Gemeinheiten der russischen Grammatik.

Als ich Kostja das erste Mal sah, spürte ich: Dieser Mann war kein *muschik* und mir vielleicht gerade deshalb sofort sympathisch. Mit seinen fast femininen Gesichtszügen, der blassen Haut und leisen Stimme hob er sich deutlich von der Mehrheit der mir bekannten Moskauer ab.

Etwa eine Woche nach unserer Begegnung schickte Kostja eine SMS: „Lust auf einen kleinen Streifzug durch Moskau?"

Wir verabredeten uns an der Metrostation Krasnopresnenskaja. Dicke Flocken fielen aus dem Himmel, als ich die Rolltreppe nach oben gefahren war. Über der goldenen Kuppel der Christi-Erlöser-Kathedrale lag eine dicke Schneehaube. Kostja wartete auf der gegenüberliegenden Straßenseite. Seine graue Wollmütze hatte er bis über seine dunkelbraunen Augenbrauen gezogen. Als er mich entdeckte, hob er die Hand und lächelte.

„Wie wär's, wenn wir uns Kunst anschauen?" Ich war überrascht, aber nicht abgeneigt. Zuerst dachte ich, er meinte das Puschkin-Museum, zu dem es von hier aus nur wenige Schritte waren. Aber als ich nickte, deutete er auf eine Tür gleich hinter sich: „Hier ist der Eingang."

Sobald wir die Schwelle übertreten hatten, verwandelte sich der stille Kostja in einen gesprächigen Kunstkenner.

In dem kleinen staatlichen Museum hingen ausschließlich Bilder des Petersburger Malers Ilja Glasunow. „1930 wurde er geboren, war aber schon mit elf Jahren Waise", erklärte Kostja, als wir in der Eingangshalle standen. „Seine Eltern starben während der deutschen Blockade von Leningrad." Eine Weile liefen wir schweigend nebeneinander, betrachteten Bild für Bild. Es gab Porträts des Patriarchen Alexej des Ersten und von Glasunows Frau Nina. Sogar den italienischen Regisseur Federico Fellini hatte Glasunow verewigt.

„Und der hier sieht aus wie der Schriftsteller Dostojewski", sagte ich zu meinem Begleiter, als wir vor einem graublauen Männerporträt standen. „Das ist er auch", Kostja nickte. „Glasunow hat unter anderem Buchillustrationen gefertigt, etwa für ‚Die Brüder Karamasow' oder ‚Weiße Nächte'. Glasunows Dostojewski stand mit Hut und hochgeschlagenem Mantelkragen vor einem vereisten Gewässer. Tiefe Furchen zogen sich von der Nase zu den Mundwinkeln. Eine nackte Baumkrone ragte rechts ins Bild. Das einzige bunte Element war eine Puppe mit rotem Rock, die auf dem verschneiten Eis des Flusses lag.

Im obersten Stockwerk hingen monumentale kleinteilige Gemälde, vor denen man Minuten zubringen musste, um die

Details wahrzunehmen. Besonders lange verweilte ich vor einem Bild mit dem Titel *„Rinok naschej demokratii*, Der Markt unserer Demokratie". Hier gab es keinen zentralen Blickfang, stattdessen ein collagenartiges Sammelsurium an Menschen, Gebäuden, Plakaten. Kostja stellte sich neben mich. „Ungefähr so wirr waren die Neunzigerjahre nach dem Zusammenbruch der Sowjetunion. Deswegen verstehen viele Russen das Wort Demokratie bis heute als Synonym für Chaos." Das Bild war 1999 entstanden. Ich sah Mickey Mouse und Marilyn Manson. Michail Gorbatschow und Monica Lewinsky. Lenin und Boris Jelzin, der einen Dirigentenstab in Händen hielt, als versuche er, in all dem Durcheinander noch den Takt anzugeben.

Als wir wieder draußen im Schnee standen, stellte mir Kostja die erste persönliche Frage: „Wie fühlst du dich in Moskau?" Es war bereits dunkel und schneite nicht mehr. Die Kuppel der Christi-Erlöser-Kathedrale glänzte im Kunstlicht. „Moskau ist schneller und härter, als ich es mir vorgestellt hätte. Manchmal fühle ich mich hier wie auf einem fremden Planeten." „Ich weiß genau, was du meinst." Jetzt, wo es nicht mehr um Kunst ging, sprach Kostja wieder leiser. „Man sagt: Moskau ist nicht Russland. Das hast du bestimmt schon gehört, und irgendwie stimmt es auch. Ich komme aus Kaliningrad und fühle mich auch als Russe oft fremd hier. Wie ein ‚Stranger in Moscow', so hieß doch mal ein Lied von Michael Jackson." „Wie kommt das, was meinst du?" „Ach, die Moskauer haben keine Zeit. Und ihre Gesichter sind verschlossen wie Austern."

Ohne Ziel liefen wir eine Weile schweigend nebeneinanderher. Kostja steuerte eine Seitenstraße an, in der es so ruhig war wie in einem Dorf. Vor einem Café mit unregelmäßig flackernder Leuchtreklame tapste neben einer jungen Frau ein kleines Mädchen durch den Schnee. Ihr eisblauer Anorak war so dick gefüttert, dass sie ihre Arme und Beine kaum beugen konnte. Das Mädchen versank bis zu den Knien im Schnee und deutete lachend auf die weiße Pracht, die im Schein der Straßenlaterne glitzerte. Wir liefen und liefen und kamen schließlich am Weißen Haus vorbei. Das Gebäude, das wie eine breite Batterie geschnitten war, erinnerte mich jedes Mal an die Fernsehbilder von 1991, an die Panzer und die Rauchsäule, die vor laufenden Kameras in den Augusthimmel stieg.

„Ich glaube, ich fahre langsam zurück", sagte ich und gähnte. *„Tebje domoj?* Du musst nach Hause?" Kostja hustete. Ich schaute auf die Uhr. Es war bereits kurz nach halb eins. Die Metro fuhr nur noch eine halbe Stunde. „Ja. Die Zeit ist sehr schnell vergangen. Danke für die Führung."

Kostja lächelte. *„Ne sa tschto*, keine Ursache. Ich bringe dich noch nach Hause." Wusste er nicht, wie weit das war? „Ich wohne an der Bagrationowskaja. Aber ich nehme einfach die Metro", sagte ich. „Einmal umsteigen. Und dann noch ein paar Stationen mit der dunkelblauen Linie. Das geht ganz schnell." Kostja sagte nichts. Er lief einfach weiter neben mir her.

„Wo wohnst du eigentlich?", fragte ich vorsichtig. „Im Süden der Stadt. Ich muss noch Elektritschka fahren." Elektritschka, das war der Vorortzug. „Das ist ja genau die andere Richtung", bemerkte ich. Kostja schwieg.

Wir liefen zusammen zur Metro. Als sich die Türen des einfahrenden Wagens öffneten, stieg Kostja mit mir ein. Ich war mir nicht sicher, was dies zu bedeuten hatte. Fühlte er sich verpflichtet, mich ein Stück weit zu begleiten, oder wollte er das wirklich? Versprach er sich am Ende mehr von diesem Abend als einen freundschaftlichen Abschied? Natascha hätte mir diese Geste bestimmt übersetzen können. Aber die Gute war weit entfernt und ich immer ratloser. Was war, wenn Kostja wegen eines Missverständnisses die letzte Metro nach Hause verpasste?

„Wenn du weiter in die falsche Richtung fährst, wirst du deinen Zug verpassen", sagte ich, bereute es aber sofort. Schließlich war Kostja kein Kind mehr. „Mach dir darüber keine Sorgen", gab er kurz angebunden zurück und machte eine abwehrende Geste. In diesem Moment beschloss ich, mir keine weiteren Gedanken zu machen und mich einfach überraschen zu lassen.

Der Wagen ratterte gen Westen durch die Nacht. Manchmal, wenn die Scharniere quietschten oder ein Straßenhund in den Wagen stieg, als kenne er sein Ziel, lächelte mein Begleiter.

An der Kiewskaja stieg Kostja wie selbstverständlich mit mir um. Plötzlich fühlte ich mich wieder wie ein junges Mädchen, das zum ersten Mal mit einem Mann alleine ist. Nervös war ich allerdings weniger wegen Kostja, sondern vielmehr, weil ich fürchtete, in ein Fettnäpfchen zu treten und einen angenehmen Menschen zu verletzen.

Ich musste an meine Mutter denken. In ihrer Jugend hatte stets der Mann dafür zu sorgen, dass eine Frau nach dem Rendezvous gut nach Hause kam – und zwar unabhängig davon, ob der Heimweg mit der Hoffnung auf mehr verbunden war. Unter deutschen Männern war dieses Verhalten aus der Mode gekommen. Aber vielleicht galt es nach wie vor für die Russen?

Als wir in die Bagrationowskaja einfuhren, war es eins vor eins. „Ich wohne in dieser Richtung", sagte ich und deutete hinter einen Spielplatz, der vor uns im Dunkeln lag. „Danke, dass du mich so weit begleitet hast." Kostja sagte: „*Ne sa tschto*, keine Ursache. Ist das nicht auch die Gegend, wo man gut Filme und Musik kaufen kann?" „Ja, genau", sagte ich. Und dann lief er einfach mit mir los. Der gefrorene Schnee knirschte unter den Sohlen. Die nackten Baumkronen wiegten sich im Wind. Kein Mensch war mehr auf der Straße. „Ziemlich verlassene Gegend, hm?" Kostja sah mich an. „Ja, manchmal ist es schon etwas unheimlich um diese Stunde."

Die baumbestandene Allee zu meiner Wohnung war noch verschneiter als der Rest der Stadt. Bis hierhin hatten es die Schneefahrzeuge nicht geschafft, auch gestreut hatte niemand. Mehrmals wäre ich fast auf die Nase gefallen, hätte Kostja mich nicht abgefangen.

„Vielen Dank, dass du mich bis hierhin begleitet hast", sagte ich, als wir vor meiner Haustür standen. „Ich hoffe, du kommst auch noch gut nach Hause." Als ob ich nicht wüsste, dass seine letzte Metro längst gefahren war. „*Ne sa tschto*", sagte Kostja noch einmal, gab mir rechts und links ein Küsschen und schaute mich mit seinen sanften Augen an.

Ich bot ihm keinen Kaffee an. Auch keinen *Tschai*. So ein Satz war international verfänglich und meinte garantiert auch in Russland mehr als die Einladung zu einem heißen Getränk. Kostja blieb noch stehen und in diesem Moment spürte ich ganz deutlich, dass mein Herz bereits vergeben war. „Gute Nacht", sagte ich. „Gute Nacht", sagte Kostja. Ich sah ihn nie wieder.

April

Ich sehe Gräber, die mich zum Schmunzeln bringen, erlebe
ein Theaterstück ohne Schauspieler und trinke Mojito

Es gab einen öffentlichen Ort, an dem die Moskauer ihre Maske fallen ließen. An dem sie selbst in Gesellschaft
fremder Menschen Gefühle zeigten. Das Theater. Nicht nur
Intellektuelle liebten diesen Ort, sondern auch *prostije ludi*,
einfache Leute. Um einmal Nussknacker oder Schwanensee
zu erleben, ließen sie, gemessen an ihren Einkünften, ein
Vermögen an der Kasse. Für zwei Stunden schloss die Büh-
nenkunst die soziale Schere.

Theater schien weniger eine Frage der Bildung als der
Begeisterung. Nahezu nach jeder Aufführung, die ich erlebte,
strömten Zuschauer mit Blumen zur Bühne. Manche reichten ganze Rosensträuße über die Rampe. Angesichts des in
Moskau üblichen Stückpreises von rund drei Euro eine echte Investition. Und selbst wenn es einmal nicht gefiel, was
Regisseur und Schauspieler präsentierten – zum Theater
verhielt sich der Zuschauer nicht wie ein Kritiker, sondern
höchstenfalls wie ein enttäuschter Liebhaber.

Ausgerechnet im russischen Theater erlebte ich einen Kulturschock. Es geschah in der *Nowaja Opera*. Das Opernhaus
lag im Ermitage-Garten, einem meiner Lieblingsorte in der
Stadt. Für Moskauer Maßstäbe war der Park klein und gefiel
mir gerade deshalb so gut. Wenn ich hier lustwandelte, vorbei an Springbrunnen, Cafés und Pavillons, konnte ich mich
mühelos in eine Vergangenheit träumen, wie sie der Regisseur Konstantin Stanislawski, der hier seine ersten Schau-

spiele inszenierte, beschrieben hatte: „Was es nicht alles gab in diesem Garten: Bootsfahrten auf dem Teich, unglaublich prächtige und abwechslungsreiche Wasserfeuerwerke mit Panzerschiffen, die gegeneinander kämpften und untergingen, Wasserfeste mit Gondeln und festlich beleuchteten Booten, im Teich badende Nymphen, Ballet am Ufer und auf dem Wasser. Festzüge des Militärorchesters, Zigeunerchöre, russische Liederdichter."

Im Winter konnte man hier an verschnörkelten Wägelchen aus hellem Holz heiße Mandeln kaufen und über eine Eisbahn gleiten. Im Sommer bliesen zum Jazzfestival Musiker aus aller Welt in die Saxophone. Mitten im Park lag der Club *„Parischskaja Schisn,* Pariser Leben".

Es gab einen Pfad für Verliebte, ein Taubenhaus und eine große herzförmige Triangel, die an einem Metallgestänge baumelte. Liebende, die hindurchschritten, hatten einen Wunsch frei. An diesem Ort also, der eigentlich zu schön war, um auch im 21. Jahrhundert wahr zu sein, sah ich das Ballett „Romeo und Julia" nach der Musik von Sergej Prokofjew, einer der Höhepunkte des Theaterfestivals *Solotoja Maska,* Goldene Maske. Ein romantischerer Ort für Shakespeares tragische Liebesgeschichte war in ganz Moskau nicht vorstellbar.

Kurz vor der Pause passierte es. Technobeat brach in die Streicherklänge. Der akustische Schockeffekt war kein Regieeinfall, sondern der Klingelton eines *mobilnik.* Doch es geschah – nichts. Romeo tanzte, die Russen lauschten. Nur zwei Zuschauer vor mir drehten sich um. Sie blickten nicht böse, eher neugierig, als ob sie sich vergewissern wollten, dass der Anruf nicht ihnen galt.

Gegen einen solchen Telefonterroristen hätte sich in Deutschland das ganze Theater verschworen, überlegte ich. Schließlich musste zu Hause schon ein laut hustender Zuschauer darauf gefasst sein, mit Blicken getötet zu werden.

Vielleicht hätte es sogar zu einer Schlagzeile in der BILD-Zeitung gereicht: „Handy ruiniert Romeo und Julia."

Doch die Moskauer reagierten so gelassen, als habe ihr Nachbar mal eben leise gehüstelt. Noch mehr wunderte ich mich allerdings, als die Technofreundin auch noch ans Telefon ging. Statt elektronischer Beats begleitete nun ein halblautes Gespräch die Liebenden auf der Bühne: „Allooo?/Ja, ich bin gerade im Theater./Nein, das ist jetzt zu spät. Warum hast du mir nicht schon ...?/Meine Schuld? Das ist ja .../Nein, Sergej, morgen habe ich keine Zeit./Wirklich? Na, dann habe ich das wohl falsch verstanden./Entschuldige. Ich rufe dich heute Nacht zurück, o.k? Küsse". Erst nachdem der Pärchenstreit geschlichtet war, durften Romeo und Julia ungestört der Katastrophe entgegentanzen. An diesem Abend hatte ich eine weitere wichtige Lektion gelernt: Widersprüche bestimmten nicht nur den russischen Alltag, sondern auch den Umgang mit der Kunst.

Mitte April lag eine Ahnung von Frühling in der Luft. Der lange russische Winter konnte einen vergessen machen, dass auch in diesem Land Bäume ausschlagen und Blumen sprießen. Hätte mich meine Mutter nicht am Telefon daran erinnert, vielleicht wäre Ostern unbemerkt an mir vorbeigezogen. Zwar feierte auch die orthodoxe Kirche dieses Fest, aber in Russlands religiösem Kalender fiel die Auferstehungsfeier nur manchmal mit dem Hochfest in Deutschland zusammen.

Als Naschkatze bedauerte ich die russischen Kinder, die keinen Osterhasen kannten. Als russische Spezialitäten standen Osterkuchen und handgemalte Holzeier, auf die manchmal sogar Ikonen gepinselt waren, in den Regalen.

Mitte April ging außerdem die wohl kurioseste Sportveranstaltung der russischen Hauptstadt über die Bühne: die Schweine-Olympiade. Zwölf Länder traten mit je einem

Borstenvieh in drei Disziplinen an: Laufen, Schwimmen und Schweineball. Den Termin übernahm mein Kollege Tino. Seine Aufnahme von badenden Schweinen wurde unser Aufmacherfoto.

In den Ostertagen besuchte ich den Friedhof des Neujungfrauen-Klosters. Von der Redaktion aus waren es nur wenige Minuten bis zum *Nowodewitschij*, wie das filigrane Ensemble auf Russisch hieß. Schon oft hatte ich die rot-goldenen Kuppeln aus der Ferne bewundert. Christian bot an, mich dorthin zu begleiten.

Inzwischen gab es kaum etwas, was mir besser gefiel, als mit ihm durch Moskau zu streifen. Ich hatte mehr Spaß dabei, die Sehenswürdigkeiten der Stadt zu entdecken, wenn er an meiner Seite war. Mit ihm konnte ich nicht nur über das Moskauer Leben und die russische Politik diskutieren, sondern auch lachen und träumen. Längst sah ich mehr in ihm als meinen Kollegen, wagte aber nicht, über meine Gefühle zu sprechen. Manchmal begegneten sich unsere Blicke und in diesen Momenten ohne Worte hätte ich schwören können, dass wir genau das Gleiche dachten. Nur ausgesprochen wurde es nicht.

Die abendliche Frühlingssonne tauchte die Gräber in ein warmes Licht. Friedhofswärter drückten uns am Eingang ein Faltblatt in die Hand, auf dem die Namen der bestatteten Persönlichkeiten verzeichnet waren. Am Neujungfrauen-Kloster fanden nur prominente Russen ihre letzte Ruhe. Hier lagen Schriftsteller und Schauspieler, Politiker und Poeten.

Verglichen mit deutschen Friedhöfen machten manche Gräber einen verwilderten Eindruck. Bäume wuchsen zwischen den Grabsteinen und vor manchen Inschriften wucherten Büsche. „Welche Gräber interessieren dich am meisten?", fragte Christian. „Die Schriftsteller! Gogol, Bulgakow, Tschechow. Aber auch das Grab von Raissa Gorbatschowa."

Die Frau des letzten Präsidenten der Sowjetunion war 1999 hier beerdigt worden. Während ich mich umsah, suchte Christian nach dem richtigen Weg.

Es gab Grabmäler, die weniger an Leid erinnerten, als vielmehr das Leben feierten. Etwa die lebensgroße Statue des Clowns Jurij Nikulin, der 1997 in Moskau gestorben war. Mit Hut und Jackett saß er auf einer Bank, zwischen seinen Fingern steckte eine Zigarette. Einige Meter vor ihm war sein Hund verewigt. Mit dem Kopf auf den Vorderpfoten kauerte er vor der Grabstelle. Auf der Erde lag ein Kranz mit Plastikblumen. Überhaupt schien es hier üblich zu sein, auf echte Pflanzen zu verzichten.

An manchen Gräbern standen kleine Holzbänkchen. „Hier setzen sich die Angehörigen nieder", erklärte Christian, als wir über die Kieswege liefen. „Manchmal stellen sie Wodka und Brot für den Verstorbenen auf." Auf vielen Grabsteinen gab es Fotos. Ich versuchte die teils verwitterten Daten von Geburt und Tod zu entziffern. „Die Orthodoxen glauben, dass die Seele eines Toten die Erde erst nach drei Tagen verlässt", sagte Christian. „Und wo bleibt sie in der Zwischenzeit?" „Bei den Angehörigen. Oder auch an den Orten, die im Leben des Verstorbenen eine besondere Rolle gespielt haben."

Als wir uns Gogols Grab näherten, hörten wir Gelächter. Fünf Leute lauschten dort den Worten ihres schlaksigen Reiseführers. Er rezitierte seine Worte wie ein Schauspieler: „Wenn Sie nachts schnell einschlafen müssen, dann lesen Sie Thomas Mann. Wenn Sie sich aber unterhalten lassen wollen, greifen Sie zu Gogol. Sie erfahren dann etwa, was passiert, wenn einem Mann die eigene Nase abhanden kommt." Die Gruppe lachte.

„Wissen Sie, was Gogol am meisten fürchtete? Lebendig begraben zu werden. Genau dies aber ist ihm passiert." Mit einem Mal verstummte das Gelächter. „Gogol ist mit 42 Jahren gestorben. Viele Jahre nach seinem Tod wurde das Grab geöffnet." An dieser Stelle machte der Reiseführer eine Pause und blickte in die Runde. „Sein Skelett lag verdreht im Sarg."

Der *Gid* bedeutete seiner Gruppe, ihm zur nächsten Grabreihe zu folgen. „Hier kommen wir zur letzten Ruhestätte des wohl größten Mannes im russischen Theater: Anton Tschechow. Vielleicht kennen Sie sein berühmtes Stück ‚Der Kirschgarten'". Der Führer deutete über dem Grabstein nach oben. „Tschechow ist mit 44 Jahren während eines Kuraufenthalts im Schwarzwald gestorben. Mit ihm in Deutschland war Olga Knipper. Sie spielte in seinen Theaterstücken häufig die Hauptrolle und wurde 1901 seine Frau."

Ohne dass ich genau hätte sagen können, warum, berührte mich das Grab Tschechows von allen am meisten. Vielleicht, weil es von so schlichter Schönheit war wie die Sprache seiner Werke. Auf die Entfernung wirkte es fast einladend – wie ein helles Häuschen.

Meine ersten Einblicke in den orthodoxen Gottesdienst bekam ich nur wenige Schritte vom ziegelroten Historischen Museum entfernt. Dort lag die Kirche der Gottesmutter von Kasan. Weil sie den Paraden auf dem Roten Platz im Wege war, wurde sie von den Kommunisten zerstört und nach 1990 neu errichtet. An ihrer Fassade waren Lautsprecher angebracht. Die Gebete des Priesters waren deshalb noch bis zum Eingang des Edelkaufhauses GUM zu hören. Die heiligen Worte vermischten sich mit der Popmusik aus den nahe gelegenen Restaurants und den Stimmen der Reiseleiter, die über Megafone für Bustouren durch Moskau warben.

Die halb gesungenen, halb gesprochenen Gebete, die der Wind noch ein gutes Stück über den Roten Platz trug, lockten mich ins Innere. Der Priester machte keine Pausen zwischen den Worten, und so wirkte das Gebet wie ein einziger langer Satz. Da ich kein Kopftuch bei mir hatte, bedeckte ich die Haare mit der Mütze meines Anoraks.

Schon an der Schwelle roch es so intensiv nach Weihrauch, als schwenke der Priester sein Rauchgefäß direkt vor meiner Nase. Aber ich liebte diesen Duft. Er erinnerte mich an die Fronleichnamsprozessionen durch unser Dorf, bei denen ich als Kind aus einem geflochtenen Körbchen bunte Blumenblätter gestreut hatte. Auch der Weihrauch, die goldene Pracht des Altars und der dialogische Wechselgesang zwischen Priester und Gläubigen ließen mich an den katholischen Gottesdienst denken.

Noch mehr als die Gemeinsamkeiten faszinierten mich aber die Unterschiede. Es gab keine Bänke, alle standen. Steinalte Frauen stützten sich auf ihre Stöcke, küssten Ikonen, schlugen Kreuzzeichen. Als gelte es, einen Rekord aufzustellen, wiederholten sie das Ritual alle paar Minuten. Nicht immer synchron mit den anderen, so dass die Geste eher einem inneren Rhythmus des Gläubigen als dem einer Gemeinde zu folgen schien. Manche Menschen murmelten eigene Gebete. So leise, dass ich immer nur ein Wort verstand: *Gospodi*, Herr.

Am meisten überraschte mich der Kontrast zwischen Ruhe und Geschäftigkeit. Während die Gläubigen ganz in sich versunken schienen, öffneten und schlossen sich die Türen im Minutentakt. Menschen kamen und gingen. Ähnlich unruhig ging es am Altar zu. Der Priester, der mit dem Rücken zu den Menschen stand, verschwand hinter einer goldenen Pforte, und für ihn trat ein anderer Priester hervor. Ich musste an Figuren in Glockenspielen denken, die sich im Kreis bewegen und der Reihe nach zum Vorschein kommen.

Die Endlosschleife aus Gebeten und Gesängen wirkte auf mich wie eine Meditation. Hier hatte ich kein Gefühl von Gemeinschaft. Inmitten von Menschen, Ikonen und Kerzen war ich mit mir alleine. Ich dachte an Christian.

Als ich wieder ins Freie trat, leuchteten die Farben der Basiliuskathedrale im warmen Abendlicht. Zu schön, um gleich wieder nach Hause zu fahren, beschloss ich und drehte noch eine Runde um den Roten Platz. Vor dem Auferstehungstor, an dem Touristen mit Doubles von Lenin und Stalin posierten und Händler Matrjoschkas und Militärmützen feilboten, nahm auf dem geographischen Nullpunkt Moskaus und damit symbolischen Zentrum des Landes täglich ein Schauspiel seinen Lauf, das mir wie eine Metapher für die russische Gesellschaft erschien.

Menschen stellten sich in die Mitte des Kreises, warfen Münzen über ihre Schulter und wünschten sich etwas. So wollte es ein alter Moskauer Brauch. Hinter dem Münzwerfer bückten sich Bettler nach den Rubeln, die klimpernd über das Kopfsteinpflaster sprangen. Während die einen das Geld wegwarfen, um sich Wünsche zu erfüllen, kratzten die anderen die Kopeken zusammen. Von dem Geschehen seltsam angezogen, blieb ich lange stehen. Bis irgendwann mein Handy piepste. „Möchtest du mich morgen besuchen kommen?", schrieb Mascha. „Dann zeige ich dir, was ich anstelle, wenn ich keine Reisbilder lege."

Wie viele unverheiratete Moskauerinnen wohnte Mascha noch bei ihren Eltern. Sie öffnete die schwere Stahltür im fünften Stock mit einem Grinsen, küsste mich auf die Wangen und zog dann unter einem Regal Hausschuhe hervor. Das verwaschene Tartanmuster der *tapotschki*, wie sie auf Russisch hießen, erinnerte mich an einen schottischen Kilt. „Schau mal, ob die dir passen." Um sie nicht zu verlieren, schlurfte ich auf den Filzpantoffeln vorsichtig durch den langen Flur.

Die Wohnung war verwinkelt. Mascha führte mich ins Esszimmer mit Wachstischdecke und Einbauküche. Dann zeigte sie mir das hellblau gekachelte Badezimmer, in dem man sich mit dem Duschschlauch auch die Hände wusch.

An allen Wänden des Flurs hing Kunst. Das Aquarell einer jungen Frau bei der Morgentoilette, ein Obstgarten in Öl, eine Szene aus dem russischen Winter, bei der dicke Pinselstriche den Schnee aus dem Bild treten ließen.

„Alles von dir?" Mascha nickte. „Diese Werke sehen ganz anders aus als das, was du in der Ausstellung gezeigt hast", wunderte ich mich. „Ach, das sind Kursarbeiten aus der Kunsthochschule", sagte Mascha fast abwertend und verschwand in der Küche. Kurze Zeit später hörte ich den Wasserkocher.

„Wann warst du dir sicher, dass du Künstlerin werden möchtest?", rief ich in ihre Richtung und betrachtete die Kohlezeichnung einer hageren Frau. „Ich war mir nicht sicher, ich liebte es einfach, zu zeichnen." Da Mascha mit Tassen klapperte, musste ich mich anstrengen, um sie zu verstehen. „Mama sagt, das sei die einzige Beschäftigung gewesen, von der man mich nicht abbringen konnte."

„Könntest du dir auch vorstellen, Ikonen zu malen?" Mascha schüttelte den Kopf. „Das ist nur ganz wenigen gegeben. Daran wage ich mich nicht heran." Sie kam mit einem Tablett aus der Küche, auf dem sie Teekanne und Tassen balancierte. „Mein Vater hat kürzlich eine Ikone in Auftrag gegeben, bei einer Künstlerin, die wir persönlich kennen. Willst du sie mal sehen? Sie steht im Schlafzimmer meiner Eltern."

Mascha stellte das Tablett im Flur ab und öffnete die Tür zu einem Nebenraum. Vor einem Doppelbett, über dem eine bunte Tagesdecke wie ein Fleckerlteppich ausgebreitet lag, bemerkte ich einen kleinen Altar mit Heiligenbildern und Rosenkränzen. Schräg gegenüber lehnte auf einem Tisch die Ikone an einem Stapel Bücher. Es war eine Mariendarstellung. Liebe, Sorge und Trauer lagen im Blick der gemalten Madonna. Ihre Wange schmiegte sie an das kleine Christusgesicht. „Es gibt in den Evangelien eine Stelle zu Maria, die mich mehr bewegt als mancher literarische Text", sagte Mascha. „Vielleicht erinnerst du dich daran. In der Weihnachtsgeschichte heißt es kurz nach der Geburt des Christuskindes: ‚Maria aber bewahrte alles, was geschehen war, in ihrem Herzen und dachte darüber nach.‘" Mascha strich mit dem Finger am Rahmen entlang. „Die Ikone kommt demnächst in eine Kirche, die ganz in der Nähe unserer Wohnung liegt." Neben dem Gemälde entdeckte ich ein Foto im Holzrahmen. Es zeigte einen dunkelblonden jungen Mann, der entspannt in die Kamera lächelte. Sein Gesicht kam mir entfernt bekannt vor. Mascha bemerkte meinen Blick. „Mein Vater hat die Ikone für ihn bestellt. Das ist … das war mein Bruder. Er ist letztes Jahr bei einem Fahrradunfall ums Leben gekommen."

Ich überlegte, was ich jetzt sagen könnte, da wechselte Mascha schnell das Thema: „Aber jetzt erzähle mal von dir. Wolltest du schon immer Journalistin sein?" „Als Kind träumte ich davon, Tierärztin zu werden. Dabei galt meine wahre Leidenschaft immer der Literatur." „Mit dem Beruf ist es wie mit der Liebe", sagte Mascha, „ohne Herzblut geht nichts." Sie holte das Tablett vom Flurtisch und winkte mich in ihr Zimmer. „Man kann das Leben nicht planen. Auch wenn du dir ein Drehbuch überlegst, kommt es am Ende doch anders." Mascha sah bei diesen Worten traurig aus und ich fragte mich, ob sie jetzt an ihren Bruder dachte.

„Was fasziniert dich am Journalismus?", fragte Mascha dann und setzte sich aufs Bett. „Die Menschen, die man trifft. Ihre Geschichten. Einerseits kann man hinter die Kulissen blicken und neugierig nachfragen, andererseits bleibt man immer der Beobachter." „Ja, Unabhängigkeit ist bestimmt das Wichtigste. Aber geht das überhaupt immer?" „Natürlich habe ich meine Sympathien. Aber ich muss immer beide Seiten einer Geschichte betrachten. Manchmal wäre es schön, auf die Distanz verzichten zu können."

„Das Manko meines Berufs ist das Geld", Mascha seufzte. „Leider verdiene ich nichts mit meiner Kunst. Wenn die Töpferkurse an der Grundschule nicht wären, müsste ich glatt verhungern. Dabei brauche ich Geld, um mir meine Wünsche erfüllen zu können." „Und was wünscht du dir?" Mascha reichte mir eine Tasse und ich setzte mich zu ihr aufs Bett. „Ich möchte um die ganze Welt reisen. Japan sehen, Indien, Neuseeland, Lateinamerika."

An der Wand vor ihrem Schreibtisch hingen Kunstpostkarten. Vor allem Botticelli. *Der Frühling, Die Geburt der Venus, Die Beweinung Christi.* Mascha deutete auf die Bilder. „Mein Lieblingsmaler!" Auf ihrem Kopfkissen bemerkte ich ein aufgeschlagenes Buch. „Watermark" von Joseph Brodsky. Das Coverfoto zeigte den Canale Grande in violettem Abendlicht. „Vor ein paar Wochen war ich zum ersten Mal in Italien. Venedig. *Prosto krassota!* Wahnsinnig schön!" Ich blätterte in der englisch-russischen Ausgabe. „Wusstest du, dass Brodsky in der Lagune von Venedig begraben liegt?", sagte Mascha, „auf der Friedhofsinsel San Michele." Dann seufzte sie: „Unglaublich, wie gut er auf Englisch schrieb. Ich wäre schon froh, wenn ich nur flüssig sprechen könnte."

„Was liest du sonst so, außer Brodsky?" „Ilja Kabakow" „Ist das nicht ein Maler?" „Ja, aber er hat auch geschrieben." Mascha stand auf und zog ein Buch aus dem Regal. *„60er und 70er. Aufzeichnungen über das inoffizielle Leben in Moskau"* stand darauf. „Du siehst, auch ich liebe die Literatur. Meist beginne ich sogar mehrere Bücher gleichzeitig." Wir lächelten uns an und mich beschlich das Gefühl, in Mascha eine verwandte Seele gefunden zu haben.

„Aber ich wollte dir ja noch ein paar Sachen von mir zeigen", sie hielt kurz inne, „das heißt, wenn du noch willst." In einer Zimmerecke stand ihre jüngste Arbeit. Auf den ersten Blick erinnerte sie mich an die Rubikwürfel aus meiner Kindheit. Dieses magische Spielzeug, an dem man so lange schieben musste, bis alle vier Farben auf einer Seite waren. Meist verlor ich schon lange vorher die Geduld. Maschas Kunstwerk aber war hundertmal größer als dieser Würfel, hatte mehr Farben und war an allen vier Seiten offen. Es hatte den Anschein, als seien sämtliche Einzelteile aus den Fugen geraten.

„Komm mal hierher." Mascha ging vor dem Würfel in die Hocke. „Siehst du die schwarzen und die bunten Seiten?" Es gab rote, grüne und blaue Stellen und dazwischen schwarze Flächen. „Je nachdem, von welcher Perspektive man den Kubus betrachtet, sieht man eher dunkle oder helle Flächen." Mascha stellte den Würfel auf den Kopf, drehte ihn nach rechts und links, oben und unten. „Siehst du, nicht das Objekt wandelt sich, sondern die Sicht darauf. So ist es für mich auch mit dem Leben. Die Welt ändert sich mit der Perspektive, die man einnimmt."

Nach dem Tee holte Mascha ihren Skizzenblock aus dem braunen Schrank und schlug die erste Seite auf. „Das habe ich gezeichnet, als ich meine beste Freundin in Paris besuchte. Sie ist vor drei Jahren mit ihrem französischen Mann dorthin gezogen. Sie selbst hätte jetzt gesagt: mit der Liebe ihres Lebens." Mascha verdrehte die Augen, als halte sie dies für eine verrückte Vorstellung. „Glaubst du denn nicht, dass es so etwas gibt? Die Liebe fürs Leben, meine ich." Mascha sah mich zweifelnd an. „Ich weiß nicht."

Ich betrachtete ihr Bild von Paris. Mit markanten Strichen hatte Mascha einen sonnendurchfluteten Loft aufs Papier getuscht. Eine flaschenhohe Vase, geblümte Vorhänge, einen Hocker aus Holz. „Du, das sieht richtig toll aus, da möchte man am liebsten gleich einziehen." Mascha wirkte geschmeichelt, sagte aber nichts.

Auf den folgenden Seiten gab es Porträts in Kohle. Eine junge Frau mit traurigen schwarzen Augen. Ein Mädchen mit Sommersprossen und Zöpfen, die halb vom Kopf abstanden.

Wie eine russische Pippi Langstrumpf, dachte ich. Dahinter kamen Mädchen mit wilden Locken, mit Haarband, mit Hut. „Das bin ich", sagte Mascha, als ich sie fragend anschaute. „Die Bilder, die ich von mir habe."

Jetzt fiel mir auf, dass sich die Augen der gemalten Mädchen ähnelten. „Irgendwie hat jeder Mensch doch viele Gesichter", sagte sie. „An diesem Tag zum Beispiel ging es mir gar nicht gut." Mascha deutete auf die Zeichnung eines Mädchens mit betonten Stirnfalten. „Manchmal denke ich, ich bin eigentlich ganz anders, als mich die anderen sehen. Weißt du, was ich meine? Die Kunst gibt mir die Freiheit, diese Facetten auszudrücken."

Auf die hinteren Seiten des Blocks hatte Mascha mit Bleistift Männerporträts gezeichnet. Männer mit Bärten, Männer ohne Bärte, Männer mit dunklem Haar, Männer mit hellem Haar. Alle besaßen markante Augenbrauen. „Ist das auch immer derselbe Mann in allen seinen Facetten?" Mascha lachte. „Das wäre eine Idee, aber nein, das sind Freunde von mir." Sie schenkte uns Tee nach und seufzte. „Mit manchen war ich auch zusammen. Aber weißt du, was komisch ist? Auch wenn ich sehr unter der Trennung gelitten habe, hat es mich immer getröstet, den Mann zu malen." Mit einem Mal wirkte sie abwesend. „Vielleicht deshalb, weil so aus dem Alten etwas Neues entstand", sagte sie dann, und wir schwiegen eine Weile.

„*Lubow, eto schloschnaja schtuka*, Liebe ist eine schwierige Angelegenheit. Wie oft war ich schon unglücklich verliebt und immer wieder hat mich die Kunst gerettet! Na ja, und natürlich gute Freunde." Mascha überlegte eine Weile. „Weißt du, bei Tschechow haben immer alle Liebeskummer. Das gefällt mir, weil es echt ist. Weil es wie im Leben ist." Mascha blickte aus dem Fenster. „Weißt du, was die Mascha aus seinem Stück ‚Die Möwe' einmal zu einem Schriftsteller sagt? Weil ich die Stelle so toll finde, kenne ich sie auswendig. ‚Ich habe mich entschlossen: Ich reiße mir diese Liebe aus dem Herzen, mit der Wurzel reiße ich sie heraus.'" An dieser Stelle machte sie eine Pause. „Tja, und ich habe versucht, meine Gefühle mit Bildern zu bändigen. Nein, zu bannen. Wie einen bösen Zauber."

Auch wenn ich selbst nicht malte, wusste ich sofort, was sie meinte. „Bist du gerade in jemanden verliebt?", fragte sie dann. „Ja, es gibt einen Mann, für den ich sehr viel empfinde, aber er weiß nichts davon." „Sei dir da mal nicht so sicher", meinte Mascha und lächelte vieldeutig.

In diesen Tagen ging ich oft in die Moskauer Theater. Mein eindrücklichstes Erlebnis hatte ich an einem Ort, der von außen gar nicht als Spielstätte zu erkennen war. Lediglich eine Plakette auf abblätterndem Putz verwies auf das *Teatr.doc*. Um in den Zuschauerraum zu gelangen, stieg man eine Steintreppe nach unten. Hinter nackten Wänden lagen Kasse, Garderobe und Foyer. Auf dem Programm stand „Demokratie. doc", aber erst als es begann, verstand ich, dass es sich dabei um ein Stück ohne Schauspieler handelte.

Weil es mehr Menschen als Sitzplätze gab, ließen sich die Zuschauer am Bühnenrand auf Kissen nieder. Keine Requisiten waren zu sehen, nur eine Leinwand. Gesichter der hereinkommenden Zuschauer wurden darauf projiziert. Als alle saßen, trat ein schlanker junger Mann mit glattem schwarzem Haar auf die Bühne. „Heute Abend gibt es kein Stück und keine Schauspieler", erklärte er dem Publikum. „Wenn Sie etwas anderes erwartet haben, können Sie jetzt gehen." Einige Zuschauer kicherten, aber alle blieben sitzen.

„Schließt eure Augen. Woran denkt ihr beim Thema Demokratie in Russland?", rief der Moderator. „Anarchie", „Demonstrationen", „Chaos", verrieten die Zuschauer später. Das kollektive Brainstorming war der Ausgangspunkt des Abends. Aus den Reihen der Zuschauer wurde danach per

Mehrheitsentscheid ein Präsident gewählt, der sich weitere Zuschauer auf die Bühne holte. Seine Mitspieler standen für Begriffe wie „Polizei", „Kaukasier" oder „Jugend". An diesem Abend gewann ein untersetzter Mann mit schütterem Haar die Wahlen. Irgendwann wurde es ihm aber wohl zu anstrengend, Staatschef zu spielen, und er flüchtete sich zurück auf seinen Platz im Zuschauerraum.

„Demokratie.doc" war der erste Moskauer Theaterabend, bei dem die Zuschauer dafür verantwortlich waren, was auf der Bühne geschah. Wie könnte man Demokratie besser veranschaulichen? Ein System, in dem es im Idealfall keine Zuschauer, sondern nur Mitspieler gab, die sich in das Geschehen auf der politischen Bühne einmischten. Regisseur des Demokratie-Abends war der deutsche Theatermacher Georg Genoux. Der gebürtige Hamburger mit der runden Brille nannte das Projekt bei unserer ersten Begegnung einen „Befreiungsschlag". Als er vor über zehn Jahren nach Russland gekommen war, so sagte er mir, hätte es die Hoffnung auf Demokratie gegeben, dann eine Weile Demokratie, dann nichts mehr von beidem.

Für das russische Theater bedeutete Genoux' Konzept eine kleine Revolution, denn es brach mit alten Gewohnheiten. „Die Bühne ist den Russen heilig", hatte mir einmal die bekannte Theaterkritikerin Marina Dawidowa erklärt. Die *Iswestija*-Journalistin mit der Mireille-Matthieu-Frisur leitete zusammen mit einem Kollegen der Tageszeitung *Kommersant* das NET – eine Abkürzung für *New European Theatre*, ein Festival, das bemerkenswerte Inszenierungen aus Europa in die russische Hautstadt holte. „Die Bühne ist in Russland viel stärker tabuisiert als das Leben", erklärte mir Dawidowa. „In Europa ist das umgekehrt."

Die Klassiker beherrschten das Theaterprogramm. An manchen Abenden liefen bis zu fünf Inszenierungen von Tschechows „Onkel Wanja" oder den „Drei Schwestern". Monumentalwerke wie Tolstois „Krieg und Frieden" gingen in einer Stunde über die Bühne. Und während Inszenierungen in Deutschland oft nur eine Saison lang zu sehen waren, liefen sie in Moskau nicht selten über Jahre. So konnte der Zuschauer zwischen den Zeiten springen.

Mein Gespräch mit Mascha hatte mir Lust auf Tschechow gemacht. Ich kaufte mir „Die Möwe" und las, was der russische Sprachkünstler seinem Theaterautor Trepljow in den Mund legte: „Man muss das Leben nicht so darstellen, wie es ist, und nicht so, wie es sein soll, sondern wie man es sich in seinen Träumen vorstellt."

Seit unserem Gang über den Friedhof war ich mit Christian nicht mehr alleine unterwegs gewesen. Der Gedanke, unsere Treffen könnten ihm weniger bedeuten als mir, machte mich unruhig. Ich zweifelte nicht daran, dass er die Zeit mit mir genoss, aber schließlich machte es allen Unterschied der Welt, ob man sich mit dem anderen bloß wohlfühlte oder nichts anderes mehr denken konnte als: Wann treffen wir uns wieder? Verstohlen betrachtete ich ihn auf der Arbeit und versuchte mir vorzustellen, was in ihm vorging.

Mir fiel wieder ein, was Mascha über unglückliche Liebe im Leben und in der Literatur gesagt hatte. Auch ich bewunderte Tschechow dafür, wie er unerwiderte Leidenschaften in Szene setzte. Aber für mein Leben wünschte ich mir, was mich als Leserin unendlich langweilen würde: eine Geschichte, die wie in einem Groschenroman langsam, aber sicher dem Happy End entgegengeht.

Als ich mir schon so gut wie sicher war, dass Christian wohl nicht so empfand wie ich, kam er eines Tages nach der Arbeit auf mich zu. „Wollen wir heute Abend zusammen essen? Es gibt ein gutes georgisches Restaurant ganz in der Nähe der Redaktion."

In dem mit rustikalen Holztischen eingerichteten Lokal, das nicht weit vom Gorki-Park entfernt lag, erschloss sich mir eine neue kulinarische Welt. Als ich die schwere, in dunkles Leder gebundene Speisekarte aufschlug, kannte ich die meisten Gerichte nicht einmal dem Namen nach. Dabei fühlte ich mich mit der russischen Küche inzwischen gut vertraut.

Christian deutete auf die Seite mit den Vorspeisen. „Zum Einstieg empfehle ich *Chatschapuri*.“ „Hatscha ... was?“ „Vertraue mir, du wirst es lieben.“ Er hatte offensichtlich schon mehrmals hier gegessen. Denn er beschrieb mir die georgischen Gerichte so anschaulich, als stehe er hier selbst hinter dem Herd.

„Wie kommt es, dass du dich mit der georgischen Küche so gut auskennst?“ „Ich war schon einmal in Georgien“, sagte er. In diesem Moment brachte unsere Bedienung, eine rundliche Frau mit dickem braunem Zopf, goldumrandete Teller, auf denen sich drei blonde Grazien räkelten. Christian lächelte. „Dir wird es hier schmecken, da bin ich ziemlich sicher.“

Und so war es. So gut hatte ich seit meiner Ankunft in Moskau nicht mehr gegessen. Einmal abgesehen von den eigens für mich gekochten Köstlichkeiten *chez Christian*. Das *Chatschapuri* sah aus wie ein übergewichtiger Pfannkuchen. Tatsächlich bestand die goldgelbe georgische Spezialität aus Hefeteig und warmem Käse. Dazu bestellten wir noch Käse mit Tomaten und Pilzen, der so heiß war, dass er in dem kleinen Pfännchen blubberte. Außerdem gebackene Auberginen und scharfen Salat mit Walnüssen. Für sich orderte Christian noch Fleisch.

„*Otschjen wkusno!* Es schmeckt einfach fantastisch!“ Christian freute sich über mein Kompliment fast so, als ob er die Gerichte selbst gekocht hätte. „Möchtest du vielleicht noch einen Tee?“, fragte er, als wir satt Messer und Gabel auf die Teller legten. Ich nickte. „Das war eine wunderbare Idee, hierher zu kommen, danke.“

Mehr konnte ich nicht sagen. Wenn er mich so anlächelte, verschlug es mir vor Glück die Worte. Mit Christian fühlte ich mich in Moskau zu Hause. Gleichzeitig war ich unsicher. Versuchte, in seinen Worten und Gesten zu lesen. Wünschte mir ein kleines Zeichen, das sagte: Ich will dich auch.

In den intensivsten Momenten unserer Begegnungen spürte ich jetzt manchmal einen Schmerz, den ich erst mit der Zeit verstand. Eine reine Freundschaft mit ihm war für mich nicht mehr möglich.

Als wir wieder auf der Straße standen, war es bereits dunkel. „Wenn du noch nicht müde bist, könnten wir tanzen gehen", schlug Christian vor. Eigentlich wollte ich nichts lieber, als weiter bei ihm zu sein. Aber ich machte mir Sorgen. Sah man es mir schon an? Warum konnte ich das alles nicht ein bisschen gelassener nehmen? Da war dieser Kollege, der mich verstand. Mir half, durch den Moskauer Alltag zu navigieren. Bei dem ich ganz ich selbst sein konnte. War das nicht schon mehr, als ich mir hier erhofft hatte? War es nicht genug?

„Gut!", hörte ich mich sagen. „Na, dann los." Auf dem Weg zur Metro begann es zu regnen. Da wir keinen Schirm dabei hatten, rannten wir die letzten Meter.

Kurze Zeit später steuerte Christian in der Karma-Bar mit zwei Mojitos auf mich zu. „Entschuldigung, dass es ein bisschen gedauert hat", rief er mir ins Ohr. „Der Barkeeper hat lieber mit den Frauen an der Theke geflirtet, als mich zu bedienen." Das Schwarzlicht ließ seine Zähne leuchten. Über uns drehten sich Discokugeln. In der Nähe des Tresens tanzte eine langbeinige Blondine im Bikini. An ihren Armen und Beinen glitzerte die Haut.

Über einen schwarzen Strohhalm sog ich den Mojito in meinen Mund. Ich liebte diesen fruchtig-süßen Geschmack. Christian lehnte sich mit seinem Getränk an die Wand. Sein weißes Hemd fluoreszierte. Es sah unwirklich aus. Wie ein Traumbild.

Die treibenden Rhythmen zogen mich auf die Tanzfläche, und ich tauchte in der Menge unter. Aus der sicheren Entfernung linste ich immer wieder in seine Ecke. Ich konnte Christians Augen nicht sehen, meinte sie aber zu spüren. Die Menschen um mich herum schienen ganz in der Musik versunken.

Als von meinem Mojito nur noch die Minzblätter im Glas waren, ging ich zurück zu Christian. „Na, tanzt du gar nicht?" „Kommt noch", meinte er, und dann sagte lange Zeit keiner etwas. Die Gedanken drehten sich in meinem Kopf wie die Discokugeln. Es gab keine Worte mehr. Nur ein Schweigen, von dem ich nicht wusste, ob es einen Anfang oder ein Ende markierte.

Irgendwann wurde es wieder heller, und das Schwarzlicht verschwand. Die Tänzerin mit den Glitzerbeinen stieg vom Tresen. Bunte Lichtkugeln kreisten jetzt über der Tanzfläche. Dann sang Bananarama: *She's got it, yeah baby she's got it. I'm your Venus, I'm your fire at your desire,* und ich begann, wieder zu tanzen.

Diesmal versuchte ich nicht mehr, mich in der Menge zu verstecken. Christian stellte sein Glas ab und kam zu mir. Wir tanzten voreinander, und ich wagte kaum, ihm in die Augen zu sehen. Er nahm meine Hände und bedeutete mir, mich zu drehen. Sofort spürte ich sein Rhythmusgefühl und überließ mich seiner Führung.

Ich bekam kaum mit, wie das Lied zu Ende ging, da begann schon das nächste. Ein Bachata der Band Aventura. Zum ersten Mal hatte ich das Stück vor einigen Monaten in unserer Redaktionskantine gehört. Christian lächelte, als ob er meine Gedanken erraten hätte. Dann zog er mich an sich. *Será esto un sueño que te perdí, que en verdad ya no te tengo,* sang Aventura. *Es imposible que te pueda olvidar.*

Wir hielten uns in den Armen, als ob wir uns nie wieder loslassen wollten. Mein Kopf ruhte auf seiner Schulter. Ich fühlte mich wie ein Wanderer, der nach einsamen Stunden in der Steppe sein Ziel erreicht. Als ich zu Christian aufblickte, küsste er mich. Ich schloss die Augen, vergaß Moskau und alles, was außerhalb dieser Umarmung geschah. Wir drehten uns so lange, bis die Tanzfläche leer war und ein glatzköpfiger Mann von der Security uns bat zu gehen. Als ich langsam in die Wirklichkeit zurückfand, flüsterte Christian mir ins Ohr: „Wollen wir uns auf meinem Balkon den Sonnenaufgang anschauen?"

Mai

*Ich besuche die Feier zum Sieg über den Faschismus, grusele
mich vor Stalin-Fans und stoße auf ein Stück Berliner Mauer*

Im Mai putzte sich Moskau heraus wie eine frisch verliebte Frau. Schon Anfang April hatten erste schneefreie Sonnentage die Spuren des Winters erbarmungslos ans Tageslicht gebracht: abgeblätterte Fassaden, dreckige Laternenpfosten, verwaschene Farben. Alles neu machte der Mai auch in Moskau nicht, aber zumindest sollte es danach aussehen. Für den großen Frühjahrsputz schwärmten Straßenarbeiter aus wie Bienen. Sie fuhren mit Pinseln über Parkbänke, weißelten Zebrastreifen und jäteten Unkraut im Ermitagegarten. Moskau machte sich schön für den Sommer.

Gespannt wartete ich auf den Feiertag des Monats. Am 9. Mai begingen die Russen ihren Sieg über Hitler, Nazideutschland und den Faschismus. Immer häufiger tauchten entsprechende Plakate in den Schaufenstern auf. Ob Buchhandlung oder Bekleidungsgeschäft – überall beglückwünschte die Stadt so ihre Bürger zum *Djen Pobedi*, dem Siegestag. Neben der russischen Flagge und Moskauer Wahrzeichen wie Kreml oder Christi-Erlöser-Kathedrale prangten die Worte: „*S prasdnikom*, Alles Gute zum Feiertag."

In Moskau sollte ich zum ersten Mal miterleben, wie das Land sich als Gewinner des Großen Vaterländischen Kriegs feierte. So wurde der Zweite Weltkrieg gewöhnlich genannt. Teils fieberte ich dem Siegestag entgegen, teils fürchtete ich ihn.

Schließlich war ich aus russischer Sicht Nachfahre verbrecherischer Nazis. Bislang hatte ich als Deutsche in Moskau nur positive Vorurteile zu hören bekommen: In *Germanija* sind die Menschen ordentlich, pünktlich und technikbegeistert. Außerdem trinken sie das beste Bier der Welt. Vielleicht aber würde die Stimmung am Siegestag kippen. Das hätte ich den Russen nicht einmal verübeln können.

Der 9. Mai war ein so strahlender Sonnentag, dass es den Anschein hatte, alle himmlischen Mächte freuten sich mit den Russen über ihren historischen Sieg. „Hast du Petrus bestochen, damit er heute solches Wetter schickt?", fragte ich Natascha, als ich morgens an ihrem Büro vorbeikam. „Von wegen". Sie drehte sich zu mir um. „Das haben wir Moskauer gar nicht nötig." „So?" „Du weißt wohl noch nicht, dass wir gerne selbst Wettergott spielen." Bei diesen Worten musste ich sehr verdattert ausgesehen haben, denn Natascha lachte und lachte.

„Wenn ihr Wettergott spielt, warum hat die russische Hauptstadt dann noch kein ägyptisches Klima, für das die Russen im Urlaub so viel Geld bezahlen?", foppte ich sie. „Nimm dir einen Stuhl, dann erkläre ich dir alles." Jetzt hatte sie mich neugierig gemacht.

„Ist dir schon aufgefallen, dass in Moskau an wichtigen Feiertagen kein Regen fällt?" Ohne meine Antwort abzuwarten, sprach Natascha schnell weiter. „Das ist kein Zufall. Dahinter steckt eine Strategie oder besser gesagt Chemie. Damit der Regen unserem Präsidenten nicht auf den Kopf prasselt, wenn er vor laufenden Kameras Russlands Größe beschwört, schicken wir am Tag vorher Raketen in den Himmel." „Nein!" „Doch! Die vertreiben alle Regenwolken in Richtung Sibirien. Wenn dann zum Feiertag in Moskau die Sonne lacht, spannen die Menschen etliche Kilometer weiter die Regenschirme auf."

„Du bindest mir hier keinen Bären auf, oder?" Ich warf Natascha einen gespielt strengen Blick zu. „Aber nein, wie könnte ich?", erwiderte sie mit Unschuldsmiene. „Die Russen sind tatsächlich so verrückt. Aber ich dachte, daran hättest du dich inzwischen gewöhnt."

Als ich um die Mittagszeit ins Zentrum kam, war die Prachtmeile Twerskaja für den Verkehr gesperrt. Zum ersten Mal genoss ich das Privileg, vom Puschkindenkmal bis hinunter zum Roten Platz zu spazieren. Es war ein phänomenales Gefühl, in einem Strom von Moskauern zu gehen, wo ansonsten nur Autos entlangpreschen durften. Für einen Tag gehörte Moskau den Menschen, nicht den Motoren.

Junge Männer in Russland-Shirts verkauften Flaggen, Tröten und Popcorn. Kinder schwenkten Papierfähnchen auf den Schultern ihrer Eltern. Auf einer eigens für den Feiertag errichteten Bühne am Rathaus sangen Frauen in bäuerlichen Trachten russische Volkslieder und wiegten sich wie Schilfrohre im Takt der Musik. Verstärker trugen ihre Stimmen über die Straße.

Für den späten Nachmittag hatte ich mich mit Christian vor dem Reiterdenkmal am Historischen Museum verabredet. Ein Ort, der gerade an diesem Tag von besonderer Bedeutung war. Der Reiter erinnerte an den sowjetischen Feldherrn Georgij Schukow. 1941 brachte er die Deutschen vor Moskau zum Stehen. 1945 stieß er mit seinen Truppen bis nach Berlin vor und nahm dort am 9. Mai die deutsche Kapitulation entgegen. Das Denkmal zeigte Schukow im Sattel stehend, den rechten Arm vorgestreckt. Die Pferdehufe zertrampelten Reichsadler und Hakenkreuz.

Hinter dem Metroausgang Ochotnij Rjad hatte die Miliz Metalldetektoren errichtet, die wie leere Türrahmen nebeneinander standen. Alle Passanten mussten auf dem Weg zum Roten Platz ihre Taschen öffnen. An ständige Sicherheitskontrollen hatte ich mich in Moskau gewöhnt, aber Menschenmengen machten mich noch immer nervös. Vor allem, wenn ich an meinen deutschen Journalistenkollegen Tino dachte, der im Februar 2004 in der Stadt war, als bei einem Selbstmordanschlag in einem voll besetzten Metrowagen vierzig Menschen ums Leben kamen.

Am Kontrollpunkt legte ich Schlüssel und Mobiltelefon auf das bereitgestellte Tischchen. Schon von hier aus entdeckte ich im Menschengetümmel Christians braune Cordjacke. Vielleicht hatte ich mich ein bisschen zu auffällig gefreut, denn der Milizionär blickte mich jetzt an, als hätte ich den Verstand verloren. Egal, er konnte ja nicht wissen, dass ich frisch verliebt war. Als ich durch den Detektor schritt, piepste das Gerät. *„Dewuschka*, Fräulein, was haben Sie da in der Hosentasche?". Der Milizionär musterte mich streng. „Rubel", sagte ich gelassen und kramte zwei Münzen heraus.

Christians Kuss schmeckte nach Kaffee. „Schau dir mal diesen Mann an", sagte er, als wir vor dem Reiterdenkmal von Schukow standen und deutete hinter sich. Der Mann sah aus, als sei er gerade dem Historischen Museum entsprungen. Zu seiner grünen Militäruniform trug er einen dichten schwarzen Bart, durch den sich einzelne graue Haare zogen. In seiner Hand hielt er die rote Flagge der Sowjetunion. Der Rauschebart rührte sich nicht vom Fleck und schwenkte die Fahne nur sachte hin und her. Touristinnen ließen sich mit ihm fotografieren.

Ein paar Meter weiter entdeckte ich eine Frau mit Buckel. Auf ihrer roten Krawatte blitzten Hammer und Sichel in Form einer goldenen Anstecknadel. „Wenn man diese Genossen sieht, könnte man meinen, die Sowjetunion gäbe es noch", flüsterte ich Christian ins Ohr. Er nickte. „In den Köpfen dieser Leute existiert sie auf jeden Fall."

Die gestandenen Kommunisten machten den Doubles von Stalin und Lenin Konkurrenz, die am Auferstehungstor auf fotohungrige Touristen warteten. Wirklich unheimlich aber waren mir die Menschen, die mit Stalinbannern über die Straße liefen.

Christian und ich gingen weiter Richtung Alexandergarten. Vor dem Grab des unbekannten Soldaten an der Kremlmauer lagen Nelken in mehreren Schichten aufeinander. Wie Wachsfiguren standen die Wachmänner vor dem Ewigen Feuer. Seit dem 25. Siegestag über Nazideutschland erinnerte es an die Gefallenen des Großen Vaterländischen Kriegs. Die Menschen brachten immer neue Blumen, manche verneigten sich vor der Flamme.

27 Millionen, dachte ich. 27 Millionen Sowjetbürger, die als Opfer des deutschen Krieges zwischen 1941 und 1945 umgekommen waren. Auf diese Zahl war ich neulich in einem Zeitungsartikel gestoßen. Weniger als siebzig Jahre waren seit den Schrecken dieser Zeit vergangen. Wie würden die Leute heute auf mich als Deutsche reagieren?

Als wir zurück zum Historischen Museum liefen, fiel mir unweit des Rauschebarts mit der Sowjetflagge eine Frau auf. Sie trug ein hellblaues Kopftuch, unter dem ihr weißes Haar hervorlugte. *„S prasdnikom",* sprach Christian sie an. Am Siegestag war es üblich, Kriegsveteranen, die an ihren Orden zu erkennen waren, so zu grüßen. Ein Zeichen des Respekts. *„S prasdnikom",* sagte auch ich – so akzentfrei wie möglich. *„Spassibo".* Die Frau nickte uns zu.

Die Orden und Abzeichen auf ihrer braunen Weste glänzten wie Goldmünzen. Bei jeder kleinen Bewegung klimperten sie, als gehörten sie zum Schmuck einer Bauchtänzerin. Darüber trug die Russin einen grauen Mantel, der viel zu warm schien für den sonnigen Tag. Der Spitzenkragen ihrer Bluse ließ mich an eine Tischdecke meiner Oma denken, die sie früher zu besonderen Anlässen aufgelegt hatte.

„Ich habe im Krieg alle Männer unserer Familie verloren", sagte die Frau plötzlich. „Meinen Mann, meinen Sohn, meinen Vater. Gott sei Dank ist zumindest der Krieg vorbei." Wir nickten stumm. „Wo kommt ihr beide her?"

Da war sie, die Frage, vor der ich mich die ganze Zeit gefürchtet hatte. Jetzt wird es wohl gleich vorbei sein mit der Unterhaltung, dachte ich. Hier stand ich vor einer Frau, die viel, vielleicht alles verloren hatte, was ihr in diesem Leben lieb und teuer war.

„Aus der Schweiz", begann Christian. Die Frau lächelte und dann sah sie mich aus wasserblauen Augen an. „*Is Germaniji*, aus Deutschland", sagte ich so, als wäre der Satz ein Kern, den ich schnell ausspucken musste. Ich wagte erst nicht, ihr in die Augen zu sehen, und wunderte mich zugleich über mich selbst. Wie oft hatte ich diese Frage im Ausland bereits beantwortet? Noch nie war es mir so schwergefallen wie in diesem Augenblick.

„Ich weiß, dass ...", setzte ich schon zu so etwas wie einer Entschuldigung an, da sagte sie: „Die neue Generation kann es besser machen." Als ich aufsah, lächelte sie so breit, dass ich alle ihre Zahnlücken sehen konnte.

Eine Woche nach dem Siegestag meldete sich Mascha bei mir. „Hättest du Lust, mit mir zu töpfern? Ich möchte dir etwas erzählen." Wir verabredeten uns in der Grundschule, in der sie die Töpferkurse gab. Mit Ton hatte ich selbst zum letzten Mal am Gymnasium gewerkelt. Aber warum eigentlich nicht?

Um zu Maschas Arbeitsplatz zu kommen, nahm ich die Marschrutka. Der Pförtner beäugte mich misstrauisch, als ich gegen sieben Uhr abends die Schule betrat. „Kann ich Ihnen helfen?", fragte er und betrachtete mich über schwarz umrandete Brillengläser hinweg. „Danke, ich warte auf eine Freundin."

Als Mascha erschien, sah sie aus wie eine Ärztin, die gerade den OP verlässt. Auf dem weißen Stoff ihres Kittels starrten rotbraune Flecken, groß wie Untertassen. Man hätte sie für Blut halten können, dabei kamen sie nur vom flüssi gen Ton. „So einen Aufzug verpasse ich dir jetzt auch gleich", meinte sie, als sie meinen amüsierten Blick bemerkte.

Die langen weißen Korridore wirkten ohne Kinderstimmen fast unheimlich. Maschas Werkstatt, die groß wie ein Klassenzimmer war, roch intensiv nach Ton und Farbe. In den Holzregalen, die den Raum durchschnitten, lagerten getöpferte Obstschalen, Tassen, Vasen, Figuren von Menschen und Tieren. Auf der obersten Ablage entdeckte ich eine grüne Teekanne mit drei Tüllen. „Ist die von dir? Sieht aus wie eine Requisite für Alice im Wunderland."

Mascha stieg auf eine Leiter und holte die Kanne nach unten, die mit winzigen Gänseblümchen bemalt war. „Weißt du, wenn man Gäste einlädt, stellt sich doch immer die Frage: Wem schenkt man als Erstes Tee ein? Mit dieser Konstruktion hat sich das Problem erledigt." Am liebsten hätte ich die Kanne gleich mitgenommen, so witzig fand ich die Idee. „Wir beide fabrizieren jetzt auch etwas Tolles! Worauf hast du Lust?" Mascha sah mich erwartungsvoll an. „Auch auf die Gefahr hin, langweilig zu klingen. Ich würde gerne einen Kerzenständer töpfern. Wenn ich zurück in Deutschland bin, stelle ich ein Teelicht hinein und denke an dich."

Als Mascha Ton und Spachtel holte und die Töpferscheibe vorbereitete, überlegte ich, was sie mir wohl erzählen wollte. „Ich fange an, damit du siehst, wie es funktioniert." Mascha setzte sich auf den Holzhocker hinter der Töpferscheibe und brachte diese mit den Fußpedalen in Schwung. Dabei barg sie den feuchten Ton in ihren Händen, der sich mit jeder Drehung ein Stück mehr erhob und nach und nach die Gestalt eines Schälchens annahm. „Jetzt bist du dran!"

Mascha verließ den Platz, und ich setzte mich hinter die Töpferscheibe. Als ich meine Füße auf die Pedale drückte, dachte ich an die Nähmaschine im Zimmer meiner Oma. In meiner Kindheit hatte ich sie oft dabei beobachtet, wie sie mit ihrer schwarzen Brille dort Jäckchen für meine Puppen nähte. Während ich meinen Gedanken nachhing, knickte mein Tonstück an den Rändern ein und fiel zu einem unförmigen Haufen zusammen.

„Kein Problem", tröstete mich Mascha, „wir starten gleich einen neuen Versuch!" Als ich wieder auf die Pedale trat, um die Scheibe in Gang zu setzen, sagte sie plötzlich: „Ich habe mich verliebt." „Wunderbar! Das freut mich für dich." Als ich von meiner Töpferscheibe aufblickte, sah Mascha aber nicht glücklich aus. „Weißt du, es ist leider alles nicht so einfach. Der Mann meiner schlaflosen Nächte ist ...", sie zögerte einen Moment, „verheiratet!"

Ich wusste nicht, was ich antworten sollte, und sagte erst mal gar nichts. „Ich weiß, ich weiß." Mascha setzte sich auf einen der kleinen Holzhocker im Raum. „So etwas darf eigentlich gar nicht sein. Und da kann ich dir nur zustimmen." „Quatsch, das kann doch jedem passieren, und gegen die Liebe ist kein Kraut gewachsen." Fast musste ich über mich selbst lachen. Seltsam, wie man irgendwann anfing, die alten Sprichwörter zu bemühen.

„Jedenfalls hat der Mann auch Gefühle für mich. Zumindest sagt er das so. Nein, ich spüre es auch, er lügt nicht." Mascha seufzte. „Aber erstens möchte ich keine Ehe zerstören und zweitens ... zweitens weiß ich gar nicht, ob ich ihn in einem Jahr noch genauso mögen würde. Und drittens träume ich doch irgendwie von einer Hochzeit. Aber jetzt hat er bestimmt genug von der Ehe. Warum ist alles so kompliziert?" Sie stand auf und nahm den Klumpen Ton von der Scheibe. „Mascha, da siehst du es. Gleichzeitig töpfern und Gespräche über die Liebe führen überfordert mich irgendwie." Jetzt lächelte sie wieder ein bisschen.

„Und was möchtest du jetzt tun, Mascha?" „Mir diesen Mann aus dem Kopf schlagen natürlich. Was sonst?" Sie blickte aus dem Fenster. „Es ist verhext. Einerseits sehne ich mich nach einer Liebe mit Zukunft, andererseits habe ich

Angst davor. Sind Gefühle am Ende nicht auch so vergänglich wie das Leben?" Mascha ging ans Ende des Raums und holte aus einem Schrank Gläser und Apfelsaft. „Aber was ist mit dir? Du hast mir doch das letzte Mal von einem Mann erzählt."

Bevor ich antworten konnte, hatte Mascha mich schon durchschaut. „Es hat geklappt! Ich sehe es in deinen Augen."

„Ja, du hattest tatsächlich Recht. Er empfindet auch etwas für mich." Mascha öffnete die Saftflasche und reichte mir ein Glas. „Weißt du, ich glaube, wenn du ein richtig, richtig, richtig gutes Gefühl in der Gegenwart eines anderen Menschen hast, dann ist es sehr, sehr unwahrscheinlich, dass es dem anderen mit dir nicht ebenso geht."

Ich brachte die Töpferscheibe in Schwung. Beim dritten Anlauf funktionierte es. In meinen Händen wuchs ein Gebilde, das mit Fantasie und gutem Willen als Kerzenständer zu erkennen war. „Russischer Jugendstil", nannte Mascha meine verunglückte Kreation. „Aus dem Munde einer Künstlerin nehme ich das als Kompliment", sagte ich. Mascha lachte und half mir, den Kerzenständer praxistauglich zu machen.

„Hast du dir eigentlich am 9. Mai die Feiern zum Siegestag angeschaut?", fragte ich sie, als wir fertig waren.

„Nein, ehrlich gesagt, kann ich mit diesen patriotischen Paraden nicht viel anfangen." Sie hängte unsere Schürzen auf die Kleiderhaken an der Tür. „Mich beschäftigt viel mehr, warum wir nicht endlich über die Verbrechen sprechen, die Stalin am eigenen Volk begangen hat. Wir feiern den Sieg über den Faschismus, aber schweigen über den GULAG."

„Wurde deine eigene Familie unter Stalin auch drangsaliert?"

„Nicht direkt. Meine Oma glaubt bis heute, dass Stalin ein guter Politiker war. Jemand, der die Sowjetunion stark gemacht und den Faschismus besiegt hat." Ich dachte an die Worte des Regisseurs Wladimir Mirsojew, der von einem unbewältigten Geschichtstrauma der Russen gesprochen hatte.

Mascha ging zum Waschbecken und rieb sich den Ton von den Fingern. „Ich interessiere mich zum Beispiel sehr für Bücher, in denen Überlebende den GULAG beschreiben, aber meine Oma will von so etwas nichts wissen."

Einer der mutigsten Männer, die ich in Moskau traf, beschäftigte sich von Berufs wegen mit der russischen Vergangenheit: Jurij Samodurow. Der gelernte Geologe leitete das Sacharow-Zentrum, das nach einem Vorfall am 18. Januar 2003 zu trauriger Berühmtheit gelangte.

An diesem Tag zerstörten orthodoxe Nationalisten Werke der Ausstellung „*Ostoroschno, religia!* Achtung, Religion!" Es kam zu einem Prozess, bei dem jedoch nicht die Randalierer, sondern die Kuratoren der Ausstellung auf der Anklagebank saßen. Auch Samodurow wurde zu einer Geldstrafe und Gefängnis auf Bewährung verurteilt – wegen „Schürens von nationalem und religiösen Zwist."

„Seit dem Prozess, der zwei Jahre dauerte, hörten die Zeitungen bis auf wenige Ausnahmen auf, über Ausstellungen in unserem Haus zu schreiben", erzählte mir Samodurow, als ich ihm in seinem Büro gegenübersaß. Seine Stimme war überraschend leise und klang ein wenig heiser. „Das Sacharow-Zentrum hat seitdem den Status einer Persona non grata."

Zum Haus gehörten ein GULAG-Museum und eine kleine Bibliothek. Vor dem Gespräch mit Samodurow hatte ich mir einige Exponate genauer angesehen. Hinter Glasvitrinen gab es Dissidentenliteratur, vergilbte Briefe aus den Straflagern und verbotene Radioempfänger.

Im Erdgeschoss führte ein schmaler Gang vorbei an kleinen Büros zu einem Konferenzsaal. „Neben Ausstellungen gibt es hier regelmäßig Runde Tische", sagte Samodurow und fuhr sich über die Halbglatze. „Ja, ich habe von den Veranstaltungen gelesen. Sie schneiden Themen an, die in der Öffentlichkeit sonst tabu sind: Rassismus, Menschenrechte, die russische Zivilgesellschaft ..." Samodorow strich sein blaues Hemd unter dem grauen Anzug glatt. „Unser Haus ist bekannt dafür, dass wir Ausstellungen zu brisanten politischen und sozialen Themen zeigen. Über Putin oder das Geiseldrama im Musical Nord-Ost". Der Direktor öffnete eine Schublade und reichte mir eine Broschüre zum Zentrum. „Manche Ausstellungen eröffne ich mit Angst."

Ich blätterte durch die Broschüre. Das Museum und gesellschaftliche Bildungszentrum erinnerte an den Kernphysiker und Friedensnobelpreisträger Andrej Sacharow. Der russische Dissident hatte die erste Wasserstoffbombe mit entwickelt, aber auch für Abrüstung und Menschenrechte gekämpft.

„Ich habe ein kleines Andenken für Sie", meinte Samodurow gegen Ende unseres Treffens und drückte mir eine dunkelblaue Schatulle in die Hand. „Was ist das?" „Machen Sie mal auf." Es war eine bronzene Medaille mit dem Porträt von Andrej Sacharow. Daneben standen seine Lebensdaten: 1921 bis 1989. „Da ist Sacharow ja in dem Jahr gestorben, in dem auch die Berliner Mauer fiel." „Haben Sie schon gesehen, dass wir auch ein Stück Berliner Mauer haben?" „Hier in Moskau?" „Kommen Sie mal mit nach draußen, dann zeige ich es Ihnen."

Als wir ins Freie traten, wusste ich sofort, was er meinte. Mitten auf der Grünfläche vor dem Museum stand ein Betonblock. Auf dem Weg zum Sacharow-Zentrum war ich achtlos daran vorbeigelaufen. Ein Künstler hatte auf dem grauen Beton bunte Schmetterlinge befestigt. Vor einem kleinen GULAG-Museum hätten sich die Geschichten von Moskau und Berlin nicht schöner kreuzen können.

„Das Mauerstück war ein Geschenk von Rainer Hildebrandt, dem Gründer des Hauses am Checkpoint Charlie", sagte Samodurow stolz.

„Und jetzt drehen Sie sich einmal um!" Hinter uns war ein in Blautönen gehaltenes Porträt von Sacharow an die Hauswand gemalt. Darunter stand nur ein Wort, „*Spassibo*".

„Das ist die exakte Kopie einer Malerei auf der Berliner Mauer", erklärte der Direktor. Später sollte ich in Berlin auf eine Postkarte mit dem gleichen Motiv stoßen. Nur, dass unter dem gemalten Sacharow nicht „*Spassibo*" stand, sondern „Danke".

Eine Veranstaltung zur russisch-deutschen Vergangenheit sollte ich so schnell nicht mehr vergessen. Schauplatz war eines von Moskaus zahlreichen Restaurants mit deutscher Küche. Die Schlager, die aus den Türen solcher Lokale schallten, hatten mich bislang davon abgehalten, einzutreten. Aber an diesem Abend stellte ein junger Russe in einem solchen Haus seinen Roman vor. Die Geschichte spielte im Zweiten Weltkrieg und drehte sich um einen Soldaten, der sich als „guter Deutscher" erweist.

Der erste Schock kam gleich an der Tür. Als ich das Lokal für die Lesung betrat, schlugen vor mir zwei Männer in Soldatenuniform die Hacken zusammen. Auf einem Silbertablett reichten sie mir ein Glas Wodka und raunten gleichzeitig mit starkem russischen Akzent „bitte serrr". Erst als ich schon getrunken hatte, sah ich die Hakenkreuze auf ihren Uniformen.

An den Wänden über den rustikalen Holztischen hingen Farbkopien nationalsozialistischer Propagandaplakate. Kellnerinnen in rot-weißen Dirndln schwirrten mit Maßkrügen durch das Lokal. Die Gäste bestellten Schweinebraten und Starkbier. Außer mir schienen nur Russen in der Gaststätte zu sein. Alle amüsierten sich prächtig. Sie erhoben ihr Glas auf den jungen Autor, der sich vor ihnen auf einer kleinen Bühne verbeugte.

Ich hatte keinen Zweifel: Diese Veranstaltung war als Lob auf die Völkerfreundschaft gedacht. Mir aber war dieses historische Kostümfest mehr als unheimlich, und ich schlich mich an den Nazisoldaten vorbei zum Ausgang.

Juni

Ich erhalte eine Lektion über die Liebe, trinke Schampans-
koje im Zugabteil und erlebe eine heiße Nacht im Schnee-
sturm

Eines Morgens auf dem Weg zur Redaktion fielen dicke
Flocken vom Himmel. Weißer Flaum legte sich auf Autos,
Parkbänke und die Dächer der Zeitungskioske. Er segelte auf
meine Bluse und verfing sich in meinen Haaren.

„Das ist der Stalinschnee", sagte unsere Sekretärin, als ich
bei ihr wenig später ein Fax nach Berlin schickte. „Stalinschnee?" Das Wort hörte ich zum ersten Mal. „So nennen
wir den Pappelflaum. Jedes Jahr im Frühsommer wird die
Stadt weiß, fast wie im Winter." Die Sekretärin ging an die
Garderobe und zupfte ein winziges Wölkchen von ihrer Lederjacke. „Schau, das ist der Samen. Man sagt, Stalin hat die
Pappeln in den Fünfzigern pflanzen lassen." Sie legte das
Wölkchen auf ihre Fingerspitze, pustete und ließ es durch
das Büro fliegen. „Dann heißt es aber auch, die Bäume seien
erst in den Sechzigern unter Nikita Chruschtschow nach
Moskau gekommen."

Als ich mich vor meinen Computer setzte, sah ich die
Spitze der Lomonossow-Universität in der Sonne glänzen. Vor
dem Haus sammelte sich der Stalinschnee an der Straßen-
markierung, bis der nächste Windstoß die Samen wieder in
alle Richtungen verstreute.

„Warst du schon in der Manege?", hörte ich plötzlich
Nataschas Stimme. Sie wedelte mit einem Flyer, auf dem
das Foto eines blonden Jungen zu sehen war. Seit ich über
die Moskauer Fotobiennale geschrieben hatte, wusste ich,

dass die Manege keine Zirkusarena war, sondern eine Ausstellungshalle in Kremlnähe. „Dort hängen gerade fantastische Fotos, *Kult Semji* heißt das Projekt: Familienkult", sagte Natascha und legte den Flyer auf meine Tastatur. „Für die
Ausstellung hat der Fotograf russische Familien zu Hause
besucht." Da Nataschas Empfehlungen mich eigentlich noch
nie enttäuscht hatten, machte ich mich am späten Nachmittag gleich auf den Weg durch den Sommerschnee.

Duma-Abgeordnete, Ingenieure, Künstler, Ärzte, Bauern ...
Die Männer, die von den Schwarz-Weiß-Fotografien auf den
Betrachter blickten, waren so unterschiedlich wie die Menschen, die mir morgens in der Metro gegenübersaßen. Auf
den Porträts russischer Familien sah man mal drei Kinder,
mal sechs, mal elf.

   „Die Familie eines Buchverkäufers" hieß eine Aufnahme,
die im Kinderzimmer entstanden war. Von einem Hochbett
blickten zwei Mädchen und ein Junge ernst in die Kamera,
im unteren Bett saßen Vater, Mutter und die älteste Tochter,
die ihre Arme auf die Leitersprossen stützte. „Die Familie
eines Bauern" zeigte Vater und Mutter vor einer ärmlichen
Holzhütte. Beide hatten ein Kind auf dem Schoß. Der älteste
Sohn trug wie der Vater ein schwarzes Hemd und stand auf
der Treppe vor der Haustür.

   Wie ich auf einer Tafel zur Ausstellung las, waren die
Aufnahmen zwischen 2002 und 2004 entstanden.

   Der Fotograf Wladimir Mischukow arbeitete für Hoch-
glanzmagazine wie Vogue, Elle oder GQ. Drei Mal hatte er
die „Goldene Kamera" des renommierten Moskauer Hauses
der Fotografie gewonnen. Ich überflog seinen Lebenslauf:
geboren 1969 in Moskau als jüngstes von drei Kindern, Aus-
bildung zum Schauspieler an der russischen Theaterakade-
mie, Vater von drei Kindern im Alter von drei bis elf Jahren. Wie dachte wohl ein russischer Fotograf über Staat und

Familie, Kinderlosigkeit, Scheidung und Liebesglück? Ich beschloss, den Mann hinter der Linse zu treffen.

Wenige Tage später eröffnete mir Wladimir Mischukow in einem Interview nicht nur eine neue Perspektive auf Frauen, Männer und Familie in Russland. Er überraschte mich auch mit seinen Gedanken zum Demografie-Problem. Immer wieder war in diesen Tagen von der stark rückläufigen Geburtenrate in Russland zu lesen.

„Die Familie beschäftigt mich nicht als soziales, sondern als privates Phänomen", sagte Mischukow, als wir bei Tee und Keksen im Café der Manege saßen. Der Fotograf war schlank, beinahe drahtig. Seine dunkelblonden Haare so kurz, als habe er seinen Kopf noch vor dem Gespräch scheren lassen.

Irgendwie hatte ich mir den Mann hinter der Ausstellung älter vorgestellt. Vielleicht deshalb, weil seine Familienporträts von einer Ernsthaftigkeit waren, die an die Anfänge der Fotografie erinnerten. An eine Zeit, in der man sich auf den einen Moment, in dem der Blitz die Gesichter trifft, sorgfältig vorbereitete: Stoffe kaufte, Kleider nähte, Locken drehte.

„Mich interessiert, welche Geschichten Menschen verbinden", erklärte Mischukow. „Diese Familien sind für mich die Helden unserer Zeit. Sie stehen in Opposition zu jedem staatlichen System." Er fuhr sich mit der flachen Hand über das stoppelige Haar. „Nicht die Familie muss sich den Staat als Beispiel nehmen, sondern der Staat die Familie." Mischukow sprach schnell, als ob er befürchtete, nicht alle Gedanken im Gespräch loswerden zu können.

„In den Medien, ja überall ist die Rede davon, dass man sein Leben genießen soll. Das ist die Idee unserer Zeit. Im Endeffekt geht es darum, dass Geld von der einen Hand in die andere wandert. Essen, Kleidung und Sex – das alles kann man kaufen. Es gibt nur einen Bereich, der nicht vom Geld kontrolliert wird: Das ist die Liebe." „Was tun russische Politiker heute für die Familie?", fragte ich. Mischukow stützte die Ellbogen auf die Tischplatte und rieb seine Hände aneinander. „Ich habe drei Kinder. Als mein erstes geboren wurde, war ich Student. Geld gab es nicht. Aber im Bauch meiner Frau gab es meine Liebe. Am wenigsten habe ich meine Hoffnungen in den Staat gesetzt. Das Geld, das du bei der Geburt eines Kindes bekommst, reicht für eine Packung Pampers oder zwei."

„Sind finanzielle Probleme überhaupt für die sinkende Geburtenrate in Russland verantwortlich?" Mein Gesprächspartner sah mich jetzt an, als ob er nur auf dieses Stichwort gewartet hätte. „Während der beiden Weltkriege gab es große Familien. Woran haben die Menschen da gedacht? Nicht an Geld, an Liebe!" Mischukow machte zum ersten Mal eine Pause und spielte mit dem Henkel seiner Teetasse. „Menschen, die aus finanziellen Gründen keine Kinder wollen, fehlt womöglich die Liebe, um eine Familie zu gründen." Der Satz saß. Was würde passieren, wenn ein Politiker, egal ob Russe oder Deutscher, in einer Diskussion damit käme?

„Das Thema wird zu rational gesehen." Mischukows Mund umspielte ein kaum wahrnehmbares Lächeln. „Ein Postbote mit elf Kindern, den ich für die Ausstellung fotografierte, sagte zu mir: Als meine Frau und ich fünf Kinder hatten, lebten wir auf fünfzehn Quadratmetern. Es war gut, weil es unsere Liebe gab." War es wirklich so einfach?

Von der Armut über die Liebe kamen wir auf die Rollen von Frauen und Männern zu sprechen. „Familie ist wie ein Schiff", sagte der Fotograf und malte mit seinen Fingern in die Luft. „Da gibt es einen Kapitän und die Ruderer. Im Feminismus fragt die Frau: Warum bin ich nicht der Kapitän? Der Ruderer kann aber nicht der Kapitän sein und der Kapitän nicht der Ruderer." Bei diesen Worten hätte ich am liebsten widersprochen, fragte aber weiter: „Die Rollen sind also fest verteilt?" „Ja, aber alle Rollen sind gleich wichtig. Der Mann ist der Kopf, und er fragt auch nicht: Warum kann ich nicht schwanger werden? Der Mann wird im Allgemeinen gesehen als derjenige, der eine Gruppe führt. Ich sehe das anders. Es ist die Person, die am meisten arbeitet und die größte Verantwortung trägt. In unserem Land ist diese Rolle besonders schwer, denn es gibt keine Stabilität."

Es überraschte mich, dass Mischukow, der noch verhältnismäßig jung war, ein so traditionelles Modell vertrat. Was mir aber sofort einleuchtete, war die Tatsache, dass es bei wirtschaftlich angespannter Lage schwieriger war, den Ernährer zu spielen. Dann trafen hohe Erwartungen auf beschränkte Möglichkeiten. Ich erinnerte mich an Zeitungsartikel, in denen Psychologen in diesem Problem einen wichtigen Grund für den Alkoholismus russischer Männer sahen: der Rausch als Resignation vor der Wirklichkeit.

Ungeachtet seines konservativen Familienbildes imponierte mir die Haltung des Fotografen. Mischukow war erfrischend kompromisslos. Selten hatte ich in Russland einen Menschen erlebt, der so bereit war, Verantwortung zu übernehmen. Er erwartete keine Hilfe von oben, glaubte an die Kraft des Individuums und ließ, wenn es um Familie ging, keine Ausrede gelten: zu wenig Geld, zu wenig Hilfe, zu wenig Zeit.

Bevor sich unsere Wege trennten, fragte ich ihn: „Was war Ihre größte Entdeckung im Laufe des Fotoprojekts?" Seine Antwort beschäftigte mich noch lange Zeit später: „Die wichtigsten Dinge meines Lebens passieren nicht in meinem Berufsleben, sondern in meiner Familie. Über die Kinder und ihre Eltern, die beim Fotografieren vor mir saßen, ist mir neu bewusst geworden: Du wirst nicht der beste Fotograf der Welt, aber du kannst der Held deiner Kinder sein und der beste Liebhaber für deine Frau. Jeder hat diese Chance, ob Postbote oder Millionär."

Manchmal sehnt man sich ein halbes Leben nach einem Ort, den man nie betreten hat. Mir ging es so mit St. Petersburg. In Träumen spazierte ich immer wieder über die Brücken an der Newa und bestaunte die Pracht der Paläste. Was der Dichter Joseph Brodsky in seinen „Erinnerungen an St. Petersburg" geschrieben hatte, las sich für mich wie ein Auszug aus dem Tagebuch meiner Träume: „Und da war eine Stadt. Die schönste Stadt auf dem Antlitz der Erde."

Als ich Mitte Juni mit Christian auf dem *Leningradskij Woksal*, dem Leningrader Bahnhof, zum Zug nach Petersburg lief, war es bereits kurz vor Mitternacht. An der Tür zu unserem Schlafwagen wartete eine uniformierte Schaffnerin mit blondiertem Haar und blau geschminkten Lidern. Mit versteinerter Miene studierte sie Tickets und Pässe und winkte uns dann wortlos durch.

Die Kontrolle am Gleis ging mit einer Ernsthaftigkeit vonstatten, als gelte es, die Grenze zu einem anderen Land zu passieren. Doch dieses Zeremoniell am Zug, das ich im Laufe der Zeit fast liebgewann, weil es eine so russische Szene war, passte heute hervorragend. Schließlich hatte ich tatsächlich das Gefühl, eine Grenze zu überschreiten – zwischen Traum und Wirklichkeit.

In den Abteilen war es warm und wohnlich. Wir reisten in einem Coupé für vier Personen, blieben aber alleine. Ich überlegte gerade, ob ich das frische Bettlaken gleich über die dicken Wolldecken ziehen sollte, da hörte ich Gläser klingen. Als ich mich umdrehte, zog Christian eine Flasche *Schampanskoje* aus seinem Rucksack und zog mich in seine Arme: „Herzlichen Glückwunsch zum Geburtstag."

Wir erreichten Petersburg gegen sechs Uhr morgens und brachen nach einer kurzen Pause im Hotel wieder auf. Alles war so anders als in der russischen Hauptstadt. An den Metrostationen patrouillierten kaum Milizionäre. In europäisch anmutenden Kaffeehäusern stachen sonnenbebrillte Russen in ihren Kuchen. Im Gegensatz zum Moloch Moskau schien Petersburg auch den Fußgängern zu gehören. An der Newa ließ sich wunderbar flanieren. Vorbei an steinernen Sphinxen und Löwen, die Brückenpfeiler bewachten. Auf der Haseninsel ragte die goldene Spitze der Peter-und-Paul-Festung wie eine riesige Stecknadel in den Himmel. Herrschaftliche Bauwerke in sattem Blau oder kräftigem Ocker spiegelten sich im Fluss. Petersburg gab es doppelt. Als gebaute und gespiegelte Stadt.

Wir erklommen die Stufen zur Kuppel der Isaakskathedrale und blickten hinunter auf die Kräne im Hafen. Wie ich in einer Broschüre zum Bauwerk las, war es die größte Kirche Russlands. Wir liefen die Uferpromenaden hinauf und hinunter und streiften über den Newskij-Prospekt. Im Schaufenster eines Schuhgeschäfts gähnte zwischen Sommerstiefeln eine rote Katze.

Ich setzte mich mit Christian in ein Café, und wir lasen uns gegenseitig vor, was Nikolaj Gogol in seiner gleichnamigen Erzählung über den Newskij-Prospekt geschrieben hatte: „Es gibt nichts Schöneres als den Newskij-Prospekt, wenigstens in Petersburg nicht: für Petersburg bedeutet er alles. Welcher Glanz fehlt noch dieser schönsten Straße unserer Hauptstadt? Ich weiß, dass keiner von den blassen und beamteten Einwohnern Petersburgs diese Straße gegen alle Kostbarkeiten der Welt eintauschen würde. Nicht nur der Fünfundzwanzigjährige, der einen wundervollen Schnurrbart und einen prachtvoll genähten Rock besitzt, sondern auch der, auf dessen Kinn weiße Stoppeln sprießen und dessen Kopf so kahl ist wie ein silbernes Tablett, ist vom Newskij-Prospekt entzückt." Besonders liebte ich die Stelle, an der Gogol über die Gewänder der spazierenden Frauen spricht: „Und was für Damenärmeln kann man auf dem Newskij-Prospekt begegnen! Ach, diese Herrlichkeit! Sie haben einige Ähnlichkeit mit zwei Luftballons, so dass die Dame plötzlich in die Luft steigen könnte, wenn der Herr sie nicht festhielte."

Mittags kehrten wir bei einem Italiener ein. Sein kleines Lokal lag in einer verschlafenen Seitenstraße. Am Nachbartisch schlang ein dicklicher Mann mit roter Nase seine Arme in Tintenfischmanier um eine Frau mit Schneewittchenhaaren. „Buon giorno", grüßte der Ober und nahm unsere Bestellung auf, ohne sich Notizen zu machen. Als ich mir ein Stück Weißbrot vom Gedeck nahm, grinste Christian. „Was ist denn?", fragte ich, musste aber selbst lachen, denn inzwischen hatte ich es auch gesehen. Auf die Wand war ein Römer mit einem unterarmlangen Glied gemalt. „Ob der Penis wohl von der Pasta kommt, die man hier auftischt?", flüsterte ich. „Dann ist der Koch bestimmt schon Millionär."

Am Nachmittag verliebte ich mich in den meergrünen Winterpalast, einen Ort, der nicht nur wie dafür geschaffen schien, Gemälde zu beherbergen, sondern selbst ein Kunstwerk war. Auf dem voluminösen Schlossplatz davor warteten Fiaker auf Kundschaft. Die langmähnigen Pferde mit ihren schwarzen Scheuklappen ließen mich an Wien denken. Ein Fellmützenverkäufer versuchte ein paar Meter weiter, Geschäfte zu machen.

In der Nacht des 25. Oktober 1917 hatten Bolschewiken und Matrosen unter Lenins Führung den Winterpalast gestürmt. Es war der Beginn der Oktoberrevolution. Heute posierten vor der einstigen Zarenresidenz statt Leninimitatoren Frauen in Rokoko-Kleidern und Männer mit Mozartzöpfen für Touristen. Selbst Zar Peter der Große stolzierte hoch erhobenen Hauptes in Schnallenschuhen über das Kopfsteinpflaster.

Kurze Zeit später schlitterten wir in Filzpantoffeln durch die heiligen Hallen der Eremitage. „Ich fühle mich hier wie

in einem Schloss", sagte ich zu Christian. „Magst du Schlös-
ser?" „Na ja, ehrlich gesagt, fand ich die immer eher langweilig", antwortete er. „Man sieht doch stets das Gleiche: ein paar
alte Sessel." Er lachte und ich bekam Lust, ihn zu küssen.

Beim Blick aus einem der herrschaftlichen Fenster kam
mir ein Film des russischen Regisseurs Alexander Sokurow
in den Sinn: „Russische Arche." Die Szene, in der die Zarin
Katharina die Große mit Reifrock hinaus in den Schnee läuft.
Der ganze Film war eine Hommage an die Eremitage. In einer ununterbrochenen 96-minütigen Kamerafahrt präsentier-
te er 300 Jahre russischer Geschichte. Auch wenn ich den
genauen Ablauf vergessen hatte, erinnerte ich mich an die
traumhafte Atmosphäre der poetischen Bilder.Tatsächlich war
ganz Petersburg eine Traumgeburt. „Hier stehe eine Stadt am
Meer", ruft in einem Puschkin-Vers ihr Gründer, Zar Peter
der Große, als er über das Sumpfland blickt, auf dem später
Piter entsteht.

Meine Lieblingsszene in „Russische Arche" kam ganz am
Ende. Wenn die Gesellschaft vornehmer Damen und Herren
den Tanzball verlässt und über eine große Treppe nach unten
zum Ausgang strebt. Man sieht schon die offene Tür und
dahinter – das Meer. Aus dem Off kommt die Stimme des
Erzählers: „Mein Herr, mein Herr, schade, dass Sie nicht bei
mir sind. Sie würden alles verstehen. Schauen Sie, wir sind
vom Meer umgeben. Wir sind dazu verbannt, ewig zu segeln,
ewig zu leben."

Unsere erste Weiße Nacht verbrachten wir im Schneegestöber. So hieß der Club. *Purga.* Das erinnerte nicht nur an die
gleichnamige Erzählung von Alexander Puschkin. Es war einer dieser Orte, die auch in Michail Bulgakows fantastischem
Roman „Der Meister und Margarita" hätten vorkommen können. Denn im *Purga* war jede Nacht Silvester. Immer um Mitternacht tanzten die Partygäste in ein neues Jahr. Ich muss-

te plötzlich wieder an meinen Wunsch denken, den ich zum alten neuen Jahr in Sekt aufgelöst hatte.

In einem verrauchten Raum mit tiefer Decke, der nicht größer als ein durchschnittliches Moskauer Wohnzimmer war, hüpften die Gäste zu russischem Ska über den Tanzboden. Männer pafften unter schwarzen Hüten Zigaretten und Mädchen mit Bunny-Ohren, langen Federboas und glitzerndem Make-up betrachteten sie verstohlen. Hier tanzte nicht der Bär, sondern gleich ein ganzes Rudel.

Wir stürzten uns ins Schneegestöber, tanzten und schwitzten. Nach wenigen Minuten klebte meine Bluse auf der Haut wie ein nasser Duschvorhang. In einer Ecke stand ein Schwarz-Weiß-Fernseher, der aussah, als stamme er noch aus der Sowjetunion. Szenen aus Komödien flimmerten über die Mattscheibe.

Als mein Handydisplay fünf vor zwölf zeigte, erschien auf dem Club-Fernseher ein Zeichentrickputin mit einer Flasche *Schampanskoje*. Ihm tanzten bereits Sterne um den Kopf. Dann begann die Trickfigur des Staatschefs mit der traditionellen Neujahrsansprache. Doch was der angeschickerte Präsident dem Petersburger Partyvolk zu sagen hatte, ging im Gejohle der Gäste unter.

Punkt Mitternacht scheppierte die russische Nationalhymne aus den Boxen. „Russland, unser geheiligter Staat. Russland, unser geliebtes Land. Tatkräftiger Wille und großer Ruhm sei dir eigen für alle Zeit", sang ein Chor. Ich schloss die Augen. „Ein weiter Raum für Träume und Leben eröffnet sich uns in den künftigen Jahren. Uns gibt Kraft unsere Treue zu unserem Vaterland – So war es, so ist es, und so wird es immer sein." „*Snowim godom*, Alles Gute zum neuen Jahr", hörte ich Christians Stimme, und dann küsste er mich. Jede Nacht ein Neubeginn – so etwas gab es nur in Träumen. Oder in St. Petersburg.

„Es war eine wunderbare Nacht, eine von den Nächten,

die wir nur erleben, solange wir jung sind. Der Himmel war so sternenreich, so heiter, dass man sich bei seinem Anblick unwillkürlich fragen musste: Können denn unter einem solchen Himmel überhaupt irgendwelche bösen oder mürrischen Menschen leben?" Mit diesen Worten begann Fjodor Dostojewski seine Erzählung *Belije notschi*, Weiße Nächte, mit der er den poetischen Namen für das Naturschauspiel für immer geprägt hatte.

Als wir das *Purga* verließen und ein Schiff auf der Newa bestiegen, war es noch so hell, dass man auf dem Deck hätte lesen können. Der Nachtwind fuhr in die Locken der Damen und zwischen die Falten ihrer Kleider. Auf dem Wasser tanzten die Lichter der Straßenlaternen. Ein Mann, dessen Gesicht mich wieder an den Zeichentrickputin denken ließ, verteilte Wolldecken. Dann legten wir ab.

Weil der Wind immer stärker wehte, legte Christian uns die Wolldecke über die Beine. Wir sahen uns an und schwiegen. Ewig hätte ich so weiterfahren wollen. „In Petersburg gibt es über dreihundert Brücken", unterbrach eine tiefe Stimme die Stille. „Die erste Steinbrücke, die sogenannte Ermitagebrücke, wurde 1766 über den Winterkanal gebaut. Er verbindet die Flüsse Mojka und Newa", schallte es aus unsichtbaren Lautsprechern. „Hier spielt auch ein Teil von Puschkins Erzählung ‚Pique Dame'."

Brücke um Brücke tauchte über unseren Köpfen auf. Als der *Gid die Most pozelujew* ankündigte, die Kussbrücke über der Mojka, gingen alle Augen nach oben. „Um diese 1816 gebaute Brücke ranken sich viele Legenden. In der Nähe soll es eine Gaststätte oder einen Wirt mit dem Namen Kuss gegeben haben. Vielleicht kommt der Name auch daher, dass die Matrosen der nahe gelegenen Kasernen hier ihre Mädchen trafen und verabschiedeten. „Liest du mir ‚Pique Dame' mal vor?", fragte ich Christian und legte meine Nase an seinen

Hals. „Und natürlich ‚Weiße Nächte' von Dostojewski?" „Du bist mir eine", sagte er leise und strich mir eine Haarsträhne aus der Stirn.

Als die Newa ganz breit wurde, stieg mir plötzlich der Gestank von Motorenöl in die Nase. Über uns erhoben sich gewaltige Zugbrücken mit leuchtenden Pfeilern. Ich hatte gelesen, dass sie sich zwischen zwei und fünf Uhr morgens öffneten, um große Schiffe passieren zu lassen. Wer an einem Ufer tanzen ging und am anderen wohnte, es aber verpasste, rechtzeitig die Seite zu wechseln, musste bis zum frühen Morgen ausharren.

„Die Zugbrücken hat man erst Ende des 19. Jahrhunderts errichtet", hörten wir wieder die Stimme unseres *Gid*. „Stellen Sie sich vor, davor kamen die Stadtbewohner zweihundert Jahre lang nur mit Fähren über den Fluss." Wir blieben stehen, und mit jeder Minute sammelten sich mehr Schiffe und Motorboote an der gleichen Stelle. Aus den knatternden Motoren stieg Rauch über dem nachtschwarzen Wasser auf und ich musste husten.

Dann war es auf einmal so weit. Die Brücke riss in der Mitte auf. Wo gerade noch Autos gefahren waren, klaffte jetzt ein Loch, das mit jeder Sekunde größer wurde. Als sei die Brücke ein Riese, der in Zeitlupe die Arme über Petersburg erhebt. Die Menschen auf den Schiffen und Ausflugsdampfern johlten, pfiffen, klatschten. Ihr Jubel übertönte das Knattern der Motoren. *„Dawaaaaaai, dawaaaaaai!"*, schrien sie, als gelte es, einen Sportler zu einem Weltrekord anzufeuern. Die Brücke streckte ihre Leuchtarme immer höher in den Himmel, und ich bekam Gänsehaut.

Zurück in Moskau erwartete mich eine kalte Dusche. Buchstäblich. Als ich in unserer Wodkawanne am Warmwasserhahn drehte, kam nichts – bis auf drei lauwarme Tropfen. Das kalte Wasser lief aber problemlos. „Wladimiiir!", rief ich.

„Warum haben wir kein warmes Wasser mehr?" Keine Antwort. Dann hörte ich seine durch die Tür gedämpfte Stimme. „Ist abgestellt worden." Abgestellt? Weil ich es nicht glauben wollte, drehte ich noch einmal am Hahn. Nichts! Nicht ein einziger Tropfen! Enttäuscht schlang ich mir ein Handtuch um und verließ das Badezimmer unverrichteter Dinge.

„Es ist jeden Sommer das Gleiche", Wladimir stand im Flur und sah mich mitleidig an. „Entschuldigung, ich hätte dich warnen sollen." Ich verstand immer noch nicht. „Hat es etwa einen Wasserschaden gegeben? Oder haben wir irgendeine Rechnung nicht bezahlt?" „Nein, nein, Wasser kostet ja nichts." Wladimir sah mich ernst an. „Die Rohre müssen gereinigt werden. Das kann zwei bis drei Wochen dauern." „Was? Darüber hat uns doch niemand informiert?" Wladimir legte seinen Kopf schief. „Du bist doch schon lange genug hier, um zu wissen, dass man in Russland öfters mal vor vollendete Tatsachen gestellt wird."

„Und das lassen sich die Leute einfach so gefallen?" Irgendwie schien es mir schon Zumutung genug, die Temperatur der Wohnung im Winter nicht eigenständig regulieren zu können. Man musste entweder frösteln oder schwitzen wie ein Bär in der Banja. Und nun Wochen ohne warmes Wasser? „Regt sich denn da gar kein Protest? Vor allem wenn das ohne Vorwarnung passiert?" Wie wäre wohl mancher Mieter in Deutschland in so einer Situation in die Luft gegangen? „Ach, Protest. Das hätte doch sowieso keinen Sinn." Wladimir zuckte mit den Schultern. „Diese Wassergeschichte ist so unabwendbar wie das Wetter."

Da war er wieder, der russische Fatalismus, der mich je nach Situation ratlos oder wütend machte. Doch wie viele Russen reagierte Wladimir auf die Widrigkeiten des Alltags nicht mit ergebnislosem Gejammer, sondern einer pragmatischen Lösung. „Diese Aktion hat auch ihre guten Seiten", versuchte mein Mitbewohner zu beschwichtigen und winkte mich in die Küche. „Manche Moskauer gehen dann häufiger in die Banja oder duschen bei Bekannten."

„Deinen Optimismus möchte ich haben", sagte ich. „In Russland brauchst du den auch", sagte Wladimir grinsend, öffnete den Küchenschrank und holte unseren größten Topf heraus. „Ich zeige dir einen Trick. Damit du jetzt nicht literweise Duschwasser aufsetzen musst." Wladimir stellte den Topf unter den Wasserhahn. „Den füllst du ganz und erhitzt das Wasser, bis es kocht." Dann holte er einen zweiten Topf unter der Spüle hervor und sagte: „Den nimmst du leer mit ins Bad, füllst ihn zu einem Drittel mit heißem Wasser und gibst kaltes Wasser aus dem Hahn hinzu. Dann kippst du dir Topf für Topf über den Kopf. Die ganze Prozedur läuft so lange, bis kein heißes Wasser mehr da ist." *Molodjez.* Fantastisch.

Als Journalistin hatte ich selten mit Liebesgeschichten zu tun, bei denen sich zwei Menschen Freiheiten erlauben, die in ihrer Gesellschaft nicht vorgesehen sind. Als ich in einem Moskauer Magazin über ein lesbisches Pärchen las, das gemeinsam ein Kind erzieht, war mein Interesse geweckt.

Katja und Anna lebten in einem Plattenbau außerhalb des Zentrums. Vor dem Haus standen tiefe Pfützen und auf einem kleinen Spielplatz rostete eine Wippe. Eine Frau mit schwarzen Haaren und roten Lippen öffnete die Tür. „*Dobro poschalowat.* Herzlich willkommen, ich bin Anna", sagte sie und nahm mir die feuchte Jacke ab. Hinter ihr hörte ich Kinderlachen und ein Klavier. Ein etwa fünfjähriger Junge mit blauer Hose und weißem Hemdchen sprang um das Instrument herum, an dem eine dunkelblonde Frau saß. Sie spielte etwas von Beethoven, wie ich auf den Notenblättern lesen konnte. „Unser Besuch ist da!", rief Anna, und die Klavierspielerin drehte sich mit einem entschuldigenden Lächeln zu mir um. „*Strastwujte.* Ich bin Katja. Eigentlich kann ich gar nicht richtig spielen." „Du untertreibst mal wieder", Anna verdrehte die Augen. „Sie übt nie, aber möchte spielen wie der junge Mozart. Nein, im Ernst, sie hat wirklich Talent." „Und du bist besonders charmant, wenn wir Besuch haben." Katja knuffte Anna in die Seite.

Da sah ich, dass der kleine Junge sich hinter einer Zimmerpalme versteckt hatte und unser Gespräch verfolgte. „Maxim, möchtest du auch Hallo sagen?" Das Kind sagte nichts, kam aber hervor und betrachtete mich neugierig. „Möchtest du mit deiner Rennbahn spielen und wir trinken Tee mit unserem Besuch?", schlug Anna vor. Der Junge nickte und verschwand in seinem Zimmer.

Im Wohnzimmer standen Ohrenbackensessel. Auf dem Glastisch dazwischen sah ich Teegläser und eine Schale Erdnüsse. „*Sadities*. Setzen Sie sich", Katja schob die Erdnüsse in meine Richtung. Ich kramte Block und Stift aus der Tasche und legte mein Aufnahmegerät auf den Tisch. Es konnte losgehen.

Anna und Katja waren seit zehn Jahren ein Paar. Nach den ersten Minuten boten sie mir das Du an. Von Anfang an hatte ich in ihrer Gegenwart das Gefühl, zwei Pionierinnen in Sachen Liebe gegenüberzusitzen.

„Zeigt ihr in der Öffentlichkeit, dass ihr ein Liebespaar seid?" Katja antwortete zuerst: „Am Anfang haben wir uns nur im Aufzug geküsst. Wenn ich jetzt mit Anna unterwegs bin, halten wir auch Händchen. Solange man sich nicht öffentlich küsst, ist es kein Problem." Anna nickte. „Wenn man sich auf der Straße küsst, erregt man in jedem Fall Aufmerksamkeit. Die Generation unserer Eltern kannte das Wort lesbisch ja überhaupt nicht." Sie lehnte sich im Sessel zurück und ließ ihren Blick durch den Raum schweifen. „Vor zehn Jahren sagte man, es gäbe Lesben nur in Gefängnissen. Filme, Theaterstücke und Bücher rückten Homosexualität dann stärker ins Bewusstsein." „Oder Männer wie der Sänger Boris Moissejew, der offen zugab, dass er schwul ist", ergänzte Katja.

„Aber immer noch verbieten Politiker Gay Parades in Moskau und St. Petersburg, und auch die orthodoxe Kirche wettert gegen Homosexualität", warf ich ein. Anna schenkte mir Tee nach. „Die Kirche verurteilt außereheliche Sex und Sex, der nicht das Ziel hat, Kinder zu zeugen. Sie sieht sich als Wächter von moralischen Normen." Sie sagte es so, als habe sie nicht nur dafür Verständnis, sondern als betreffe sie dies gar nicht. Auch Katja sprach unaufgeregt über das Thema. „In unserer Gesellschaft waren Kirche und Staat lange getrennt. Deshalb musste die Kirche sich nicht weiterentwickeln oder modernisieren. Ich denke, besonders viele Probleme haben gläubige Homosexuelle."

In diesem Moment stürmte Maxim ins Zimmer und setzte sich Katja auf den Schoß. „Meine Rennbahn sieht ganz toll aus. Wollt ihr mal sehen?" Katja lächelte und streichelte ihm über den Kopf. „Ja, gerne." Anna und Katja verständigten sich kurz mit Blicken, dann stand Anna auf und ging mit ihm ins Nebenzimmer.

„Wie reagierten eure Freunde auf den Wunsch nach einem Kind?", fragte ich Katja, als die beiden verschwunden waren. „Die verheirateten Frauen sagten: ‚Ihr seid clever und seht gut aus, wo ist das Problem? Zieht los und sucht euch einen Mann.'" Katja machte eine Pause und rührte in ihrer Teetasse. „Aber wo? Die meisten Männer sind verheiratet, und keine Frau will, dass ihrer so etwas macht."

„Habt ihr auch daran gedacht, eine Samenbank zu nutzen?" Katja legte ihre Stirn in Falten. „Es wäre eine Möglichkeit gewesen. Wir wollten es dann aber letztlich nicht so anonym. Weißt du, jede Frau möchte doch wissen, wer der Vater ihres Kindes ist, wem es ähnelt, äußerlich und in seinen charakterlichen Eigenschaften." „Und Adoption?", fragte ich. Katja steckte sich eine Erdnuss in den Mund. „Wir sind nicht so altruistisch. Wir wollten ein eigenes Kind."

Anna kam zurück ins Zimmer. In der einen Hand hielt sie den Wasserkocher, in der anderen ein blaues Spielzeugauto. „Maxim ist ganz stolz auf seine Rennbahn und meint, ich soll euch das mitbringen." Sie setzte sich und brühte neuen Tee auf. Ich mochte die ruhige und besonnene Art der beiden Frauen. Obwohl es hier um nichts weniger als ihr Privatleben ging, gaben sie mir nie das Gefühl, indiskrete Fragen zu stellen.

„Was glaubt ihr, sollten homosexuelle Paare das Recht haben, Kinder zu adoptieren?" „Im Prinzip ja", sagte Anna. „In unserem Land ist es aber nicht möglich und muss auch nicht jetzt erlaubt werden. Wenn ein Paar ein Kind adoptiert, soll es strikte Kriterien geben."

„Anna, vor drei Jahren hast du deinen Jungen auf die Welt gebracht. Wie habt ihr den Vater gefunden?" Anna atmete tief durch. „Das war nicht einfach. Einer gefiel mir nicht, weil er nicht so klug war, mit dem anderen konnte ich keinen Sex haben, weil ich mich von ihm abgestoßen fühlte, mit dem dritten ging es nicht, weil er mich liebte und das Ganze für ihn ein Trauma geworden wäre." Anna nahm einen Schluck Tee. „Die Anforderungen an den Mann wuchsen schnell. Wenn ich so einen gefunden hätte, der alles in sich vereint, hätte ich ihn geheiratet." Sie lachte. „Moment mal", rief Katja. „Mir hast du das so nie erzählt." Sie küssten sich.

„Weißt du, wenn du jemanden liebst, ist es einfacher", meinte Anna dann. „Dieser Mensch muss nicht perfekt sein, und es ist leichter, Fehler zu entschuldigen. Die Männer, mit denen wir über unseren Wunsch sprachen, kennen uns und unsere Beziehung schon sehr lange."

Was Katja und Anna mir dann über den weiteren Verlauf ihrer Geschichte erzählten, klang für mich so unwahrscheinlich, als stammte es aus einem schlechten Roman. „Eines Tages rief eine Freundin an und meinte, ihr Mann sei bereit, uns zu helfen", sagte Katja. „Sie selbst war natürlich auch einverstanden." „Und wie ist das Verhältnis zum Vater heute?", fragte ich weiter. „Wir sind Freunde, aber das Kind weiß nicht, wer sein Vater ist. Es war die Entscheidung des Vaters, sich nicht zu erkennen zu geben. Wir wären froh, ihn vorzustellen. Jedes Kind will wissen, wer seine Eltern sind. Bisher hat der Junge nicht danach gefragt."

„Was sagt ihr, wenn jemand behauptet, ihr erzögt euren Sohn durch euer Beispiel zur Homosexualität?" Katja nickte, als ob sie mit der Frage schon gerechnet hätte. „Ich weiß nicht, ob wir einen heterosexuellen oder homosexuellen Jungen aufziehen. Das hängt nicht von uns ab. Anna und ich sind ja auch in heterosexuellen Familien aufgewachsen. Es gibt Jungen, die mit sehr maskulinen Vätern aufwachsen und trotzdem nicht sehr männlich sind."

„Sagt Maxim nun zu euch beiden Mama?" „Er nennt Anna Mama und mich bei meinem Namen", erklärte Katja. „Er versteht, dass ich eine ihm sehr nahe stehende Person bin, weiß aber auch, dass seine eigentliche Mutter Anna ist."

Die beiden Frauen gaben das lebende Beispiel für die Weisheit „Wo ein Wille, da ein Weg". Nicht nur waren sie in Liebesdingen gewissermaßen Langstreckenläufer, sie hatten auch den Mut, ein Leben zu führen, das sämtlichen Spielregeln ihrer Gesellschaft zuwiderlief.

„Habt ihr Angst vor seinen Fragen in der Zukunft?" „Vor seinen Fragen haben wir keine Angst, weil wir eine vertraute Beziehung haben, und ich denke, dass wir ihm alles erklären können", sagte Anna und lächelte Katja zu. Dann wurde sie ernst. „Vor dem gesellschaftlichen Druck, zum Beispiel in der Schule, vor dem haben wir schon Angst. Im Kindergarten sage ich, dass Katja und ich Schwestern sind. Niemand stellt dort Fragen." „Warum sprecht ihr nicht offen darüber?" „Vielleicht ist das bald notwendig, aber nicht jetzt", sagte Katja. „Wir wollen nicht, dass sie am Ende Mitleid mit dem Jungen haben oder ihn ausgrenzen." Katja sah jetzt sehr nachdenklich aus. „Wir wollen einfach in Ruhe leben."

Die Begegnung mit den beiden Frauen gab mir das Gefühl, etwas gefunden zu haben. Und das, obwohl ich nicht einmal wusste, wonach ich gesucht hatte.

Juli

Ich verlasse den Planeten Moskau, verbringe eine 200-Rubel-Nacht am Meer und treffe die schönste Frau der Welt

Moskwa – eto ne Rossija, Moskau ist nicht Russland. Wie oft hatte ich diesen Satz schon gehört. Irgendwie stimmte es ja auch. In Sibirien zum Beispiel konnte man nicht im Sommer Ski fahren – in einer Moskauer Sporthalle schon. In der Provinz war es auch unmöglich, über den Wolken zu schwimmen wie in den nagelneuen Hochhäusern von „Moskwa City". Trotzdem galt auch, was Giacomo Casanova einmal geschrieben hatte: „Wer Moskau nicht gesehen hat, kann nicht behaupten, dass er Russland kennt."

Trotzdem: Um das Land, aber auch Moskau selbst wirklich kennenzulernen, musste ich es einmal verlassen. Erst wenn Luxusyachten, Lenins Leichnam und die Ratte Ben weit hinter mir lagen, war eine neue Perspektive auf die russische Hauptstadt möglich. Wie Gagarin die Wunder des Blauen Planeten aus der Distanz vielleicht noch mehr zu schätzen lernte, erhoffte auch ich mir die entscheidenden Erkenntnisse aus der Distanz. Im Juli war es so weit. Die Moskauer Deutsche Zeitung ging in die Sommerpause, und ich wagte mich hinaus ins russische Universum.

Der Mond über Moskau hatte ein Gesicht. Wie ein gütiger Greis lächelte er mir über die Wolken hinweg zu. Unsere Tupolew 154-M stieg auf in das Nachtblau und nahm Kurs auf Sibirien. Als wir durch die Wolken stießen, schüttelte die Maschine die Passagiere durch, und ich griff nach Christians Hand. Vor uns lag eine Reise ans Ende der Welt. Zumindest schien es mir so, denn unser Ziel lag so weit von Moskau, ja von Europa entfernt, dass ich mir die Distanz kaum noch vorstellen konnte.

Wir waren nach Mitternacht in Moskau gestartet und flogen in den Tag. Der sibirischen Sonne entgegen. Neun Stunden lang. Ziel Chabarowsk, Zwischenstopp Nowosibirsk. Theoretisch. Praktisch landeten wir außerplanmäßig in Tomsk, wo die Maschine eine gefühlte Stunde im nebligen Nirgendwo stand. Aber da war ich schon zu müde, um nervös zu werden.

Was es bedeutete, im größten Land der Erde zu leben, verstand ich erst über den Wolken. War es schon unglaublich, wie man Stunden durch Moskau fahren konnte, ohne jemals an die Stadtgrenze zu stoßen, so erschienen Russlands Dimensionen aus dem Flugzeug endlos. Ich überlegte mir, dass ich in der Zeit, die es einfach von Moskau nach Wladiwostok brauchte, fast zweimal von München nach New York jetten könnte. Dabei bewegten wir uns innerhalb eines Landes – wenn auch auf zwei Kontinenten.

Auf dem Flug aß ich dreimal Fisch und leerte zahllose Gläser *apelsinowij sok*, Orangensaft, den ich mir kurz vor der Landung über die Hose schüttete. In Asien verfehlte mein fruchtiges Aroma seine Wirkung nicht. Am Flughafen von Chabarowsk stand ich sofort im Zentrum der Aufmerksamkeit – eines Moskitoschwarms. Schon aus dem Flugzeugfenster hatte ich gesehen, dass die Landschaft hier von Seen zerklüftet war. Ein Paradies für fliegende Vampire!

Die erste Überraschung erlebte ich, als wir vor dem Hauptbahnhof von Chabarowsk standen. Irgendwie sah alles immer noch aus wie Moskau. Die Architektur, die Kioskbuden, die Gesichter. Zwar waren die Farben der Fassaden blasser und die Windböen stärker, aber auf den ersten Blick deutete nichts darauf hin, dass ich auf asiatischem Boden stand.

Unsere erste Nacht im Fernen Osten, wie dieser Teil Russlands genannt wurde, begossen wir mit georgischem Rotwein in einer Kellerkneipe. Am anderen Ende des Raums saß ein schnauzbärtiger Mann in Pilotenuniform. Wie er uns lautstark erklärte, war er auf der Durchreise nach Kamtschatka. Anstelle von Stewardessen hatte er eine Riege Saufkumpanen um sich geschart. Der Pilot prostete uns gut gelaunt zu. „Fine girrrl, fine boy!", rief er und ließ seine Goldzähne blitzen.

Wie ich am nächsten Morgen in unserem Reiseführer las, bildete Russlands ferner Osten eines der letzten Refugien des Amurtigers. Von Chabarowsk konnte man mit kleinen Maschinen in ein amerikanisch-russisches Reservat fliegen und dort die größten lebenden Tiger bestaunen. „Der Amurtiger bewohnt kalte klimatische Zonen", las ich Christian vor, als ich mit ihm bei einem *Latteee* in der Sonne saß. „Heute ist er auf einen schmalen Küstenstreifen am Japanischen Meer im Grenzgebiet zwischen Nordkorea, China und Russland beschränkt." Ich klappte das Buch zu. „Wollen wir uns die Amurtiger nicht anschauen?" Die Reise ins Reservat reizte mich, obwohl ich wirklich keine Lust hatte, schon wieder ein Flugzeug zu besteigen. „Wir wollen doch weiter nach Wladiwostok", sagte Christian. „Die Tiger besuchen wir auf unserer nächsten Reise."

Wir erreichten Wladiwostok im Zug. Schon aus dem Abteil sah ich das Meer. Die Sonne brannte durchs Fenster auf meine Haut. So hell und warm hätte ich mir das Ende der Welt nicht vorgestellt. Wladiwostok besaß den morbiden Charme einer Stadt, die ihre besten Tage bereits gesehen hatte. Graue Sowjet-Architektur, so weit das Auge reichte. Japan lag jetzt praktisch um die Ecke. Korea war ein Katzensprung.

Am Bahnhof von Wladiwostok sprach uns eine Frau an, deren Haar so weiß war wie der Rettich, den sie neben Kohlköpfen und Karotten auf einem Karton feilbot. „Brauchen Sie eine Unterkunft?" Ihr Sonnenhut aus dunklem Stroh war zu groß und hing über ihren Kopf wie ein brauner Helm. „Ich habe ein schönes Zimmer für Sie. Mit Doppelbett und Frühstück. Allerdings ...", sie lächelte ein wenig verhalten, „... schläft auch mein Sohn in diesem Zimmer." Christian und ich sahen uns an. „Aber nicht jede Nacht", fügte sie schnell hinzu.

Als wir den Kopf schüttelten, deutete sie nach rechts und rief: „Swetlana!" Eine blondierte Frau von etwa vierzig Jahren, die einige Meter weiter Würstchen grillte, drehte sich um. „Diese Frau", sagte sie dann mit etwas leiserer Stimme, als verrate sie uns ein Geheimnis, „hat ein Haus am Meer." Die Würstchengrillerin lächelte in unsere Richtung. „Wirklich, es ist wunderbar", bekräftigte die Gemüsehändlerin. „Ein Haus am Meer! Sie werden nie mehr weg wollen, glauben Sie mir." Warum die Nacht am Meer nur 200 Rubel, also kaum sechs Euro, kosten sollte, verstanden wir erst, als wir schon dort logierten.

Die Holzhütte war schief, der Garten wild, und mitten in der Nacht bissen mich die Moskitos aus dem Schlaf. Vielleicht weckte mich aber auch der Jetlag. Ich tastete nach meinem Handy. Drei Uhr. In Moskau liefen jetzt gerade die Abendnachrichten. Ich drehte mich auf die andere Seite. Die Luft war dick, und die Decken, die uns Swetlana für die Nacht gegeben hatte, müffelten. „Ich kann nicht schlafen", flüsterte ich, als ich sah, dass auch Christian wach lag. „Ich auch nicht", jammerte er. „Hier herrschen Temperaturen wie in der Banja."

Ich zog die müffelnde Decke unter meine Beine. „Das nennt man wohl Abenteuer. Aber stell dir vor, du würdest hier dein Leben verbringen so wie Swetlana und ihr Mann." Christian antwortete nicht. War er wieder eingeschlafen?

„Hast du schon gesehen, dass wir einen Tiger im Zimmer haben?", murmelte er eine Weile später, ohne die Augen zu öffnen. „Träumst du gerade vom Tigerreservat?", flüsterte ich. „Nee, schau mal auf den Schrank." Ich streckte meinen Kopf aus dem raufaserigen Kissen. Da sah ich ihn. Im Halbdunkel lag auf einem Bücherstapel ein Amurtiger aus Plüsch. Bevor ich ihn mir genauer ansehen konnte, war ich wieder eingeschlafen.

„*Dobroje utro*, guten Morgen!", rief Swetlana gut gelaunt, als wir am späten Vormittag in den Flur traten. „Ich habe euer Duschwasser schon aufgesetzt." Inmitten von Töpfen, Tüchern und T-Shirts, die von einer quer durch die Küche gespannten Wäscheleine hingen, stand unsere Landlady mit feuchten verstrubbelten Haaren, ein blaues Handtuch um die Schultern geschwungen.

Christian wagte sich als Erster mit Kochtopf und einem Eimer warmen Wassers unter die Freiluftdusche. Ich sprang zurück ins Haus, holte die Kamera und bewahrte den Moment, in dem er sich den Eimer über den Kopf kippte, für die Nachwelt. Auf mein eigenes Duschabenteuer am Ende der Welt hatte mich der Warmwasserausfall in Moskau bestens vorbereitet.

Es war herrlich, unter der sibirischen Sommersonne nackt in einem Garten zu stehen. Um den Vorhang, der mich vor fremden Blicken schützte, sprang laut bellend ein zotteliger Hund. Seine Hütte war so etwas wie das Haus en miniature. Vielleicht sogar noch weniger windschief. Als ich mit einem Handtuch um die Hüften aus der Dusche stieg, nickte mir ein braungebrannter Mann auf der Gartenbank zu. Das musste Swetlanas Ehemann sein, dachte ich.

Als wir später alle bereit zum Aufbruch waren, rief er: „Ich gehe fischen!" und schlug das Holztor hinter sich zu. „Und ich Schaschlik braten", antwortete Swetlana. Für die beiden war es ein Tag wie jeder andere.

Zurück nach Moskau reisten wir in der Transsibirischen Eisenbahn. Ein neues Leben ohne Kino und Konzerte. Aber auch ohne Polizisten oder Passkontrollen. Dafür gab es heißen Tee und Birken. Tagelang nur Birken.

Was ich in Moskau vermisste, bot mir das Leben im Zug. Gemütlichkeit und endlich Zeit für russische Romane. Anna Karenina oder Rodion Raskolnikow waren nicht die schlechtesten Reisebegleiter, wenn man Stunden durch die sibirische Landschaft schaukelte.

Irgendwann hörte ich die Räder nicht mehr, so sehr hatte ich mich an sie gewöhnt. Die Waggons waren jetzt Küche, Wohn- und Schlafzimmer in einem, die Zugtoilette musste auch als Badezimmer herhalten. Die Passagiere schlurften in Hausschuhen und manche auch im Morgenmantel durch die Gänge, Frauen trugen Turbane aus Handtüchern über den frisch gewaschenen Haaren, Männer mit nacktem Oberkörper pafften Zigaretten am Zugfenster. Für fünf Rubel gab es Teebeutel bei der Schaffnerin. Ich liebte die Messingbecher mit dem verschnörkelten Henkel, in die man die Gläser stellte. Wir lagen auf unseren Hochbetten, lasen, schliefen und hielten unsere Kameras ans Fenster, wenn eine wildschöne Landschaft vorbeiflog.

Mit jedem Tag im Zug wurde ich ruhiger und mein Schlaf tiefer. Nur noch selten fragte ich nach der Uhrzeit oder blickte auf mein Handy. „*Mobilnik ne lowit*, das Handy fischt nicht", hörte ich immer wieder, was bedeutete, dass es keinen Empfang gab. Sowieso änderte sich die Ortszeit ständig, je nachdem, wo wir gerade Station machten. Das spielte aber keine Rolle, denn für Bahnfahrer galt in ganz Russland die Moskauer Zeit. Sie stand auf jedem Ticket, egal ob wir es in Wladiwostok oder Chabarowsk lösten. Die Natur ersetzte die Uhr. Morgenröte und Mittagssonne, Dämmerung und Sonnenuntergang bestimmten den Rhythmus unserer Reise.

Irgendwo zwischen Wladiwostok und dem Baikal traf ich ein kleines Mädchen auf dem Gang, ich schätzte es auf vier oder fünf Jahre. Ihr dunkelbraunes Haar war zu einem Zopf geflochten, den ein fliederfarbenes Band zusammenhielt. *„Kak tebja sowut?* Wie heißt du?"* Die Kleine sah mich aus schwarzen Augen an, drehte eine Haarsträhne um ihren kleinen Finger und sagte: „Alina."

Ich ging in die Hocke. Alina kam auf mich zu, betastete das schwarze Gehäuse meiner Kamera und fuhr mit dem Finger über die Linse. „Pass auf, ich zeige dir, wie das geht", sagte ich. Alina nickte und als die Abendsonne in ihr Gesicht leuchtete, drückte ich auf den Auslöser. *„Eschtscho ras!* Noch einmal!"*, rief sie sofort.

Immer wenn der Blitz kam, kicherte das Mädchen und hielt sich den Bauch. Allein um ihr helles Lachen wieder und wieder zu hören, schoss ich ein Bild nach dem anderen. Wir fotografierten die Birken, den Himmel, die Zugdecke, eine Abteiltür und Alinas blaue Sandalen.

„Alina, tschto delajesch? Was machst du da?"*, hörte ich plötzlich eine tiefe Stimme. Ein Mann, der so schwarze Augen wie das Mädchen hatte, steckte den Kopf aus einem Abteil. „Ihre Tochter hat ein Faible für die Fotografie", sagte ich. Der Mann grinste und sagte mit einem Blick auf Alina: „Vor allem hat sie ein Faible dafür, fremde Menschen in Beschlag zu nehmen, stimmt's?" „Wenn Sie möchten, zeige ich Ihnen die Fotos, die wir beide geschossen haben", schlug ich vor, und Alina schrie *„Daaaaa!"* Da winkte mich der Vater in sein Abteil. Noch unsicher, ob ich der Einladung folgen sollte, linste ich durch die Tür.

Um einen reichlich gedeckten Tisch saßen eine junge Frau und ein älteres Paar. Als sie mich sahen, bedeuteten sie mir ebenfalls, ins Abteil zu kommen. Ehe ich mich versah, hielt ich ein Glas mit schottischem Whiskey in der Hand. „Ich bin Maria, Alinas Mutter", stellte sich die junge Frau vor.

Ihr geblümtes rot-weißes Kleid spannte sich um einen Baby-bauch. „Und wir die Großeltern." Der ältere Mann stand auf. „Ich bin Alexander und das", er zeigte auf die Frau neben ihm, „ist meine Frau Alja, die Großmutter." Dann hob Alexander sein Glas und rief: „*Sa snakomstwo*, auf das Kennenlernen!"

Nach dem ersten musste ich gleich das zweite Glas hinunterkippen – *Sa schenschtschin!* Auf die Frauen! –, dann ausführlich erzählen. Woher ich kam, wohin ich wollte, was ich in Moskau suchte.

„*Moskwa eto ne Rossija*", sagte Alexander. Da war er wieder, der Satz: Moskau ist nicht Russland. „Die Bürokraten in der Regierung verdienen einen Haufen Geld. Und was machen Sie dafür? *Nitschego*. Nichts." „Jedenfalls machen sie sich keine Gedanken um den Rest von Russland", meinte Maria. „Moskau wird mit Millionenprojekten herausgeputzt und in Sibirien haben die Menschen zum Teil nicht mal fließend Wasser." Ich dachte an Swetlana und ihre schiefe Hütte.

„Wir wohnen in Wladiwostok und kennen Moskau nur aus dem Fernsehen". Alja bot mir eingelegte Erdbeeren an. Alinas Vater hatte seinen Kopf ans Zugfenster gelehnt und schnarchte leise. „Einmal im Leben möchte ich über den Roten Platz spazieren, aber die Reise dorthin ist zu teuer." Alexander nickte. „Wenn Geld kein Thema wäre, würden wir auch nicht tagelang Zug fahren, um eine Hochzeit am Baikalsee zu besuchen." Mit lautem Zischen öffnete er eine Dose *Sibirskaja Korona*. „Fliegen ist einfach zu teuer." Touristen in aller Welt träumten von einer Fahrt in der Transsibirischen Eisenbahn. Diese Familie konnte sich einfach nichts anderes leisten.

Alexander und Alja schätzte ich um die sechzig. Beide hatten helle Haare und pausbäckige braune Gesichter. „Probieren Sie doch mal unseren Mors, und warum essen Sie nichts?" Alja reichte mir ein Glas und schenkte einen dickflüssigen roten Saft ein. Dazu reichte sie mir ein Stück Räucherkäse, der wie ein Zopf geflochten war und herrlich salzig schmeckte.

„Die Moosbeeren stammen aus dem Wald. Alles selbstgemacht. Auch der Pilzkuchen." „Ich wusste gar nicht, dass man aus Pilzen Kuchen machen kann." Alja wischte mit einer Serviette ein paar Tropfen Saft vom Tisch. Alina kletterte auf ihren Schoß. „Wir Russen lieben Pilze. Pilzesammeln ist bei uns übrigens eine sehr romantische Angelegenheit. Wenn Sie unsere Klassiker lesen, sehen Sie: Der gemeinsame Gang durch den Wald war oft eine willkommene Gelegenheit für einen Heiratsantrag."

„*Sa lubow!* Auf die Liebe!" Alexander hob das dritte Glas Whiskey. Dann sah er mich ernst an. „Haben Sie einen Mann?" „Nein. Einen Freund. Also, ich bin nicht verheiratet." Seine Frage machte mich fast verlegen. „Er liegt zwei Türen weiter." Christian war gerade über seiner Gorbatschow-Biografie eingeschlafen, als ich unser Abteil verließ. Alexander schnitt sich ein Stück Pilzkuchen ab. „Die Ehe ist wie eine lange Zugreise. Man weiß nicht, was unterwegs passieren wird. Aber wissen Sie, was am wichtigsten ist?" Alexander beugte sich ein Stück zu mir nach vorne: „Dass man ein gemeinsames Ziel hat."

Als ich später noch einmal meine Kamera hervorholte, um die Großeltern vor ihrem Gabentisch zu fotografieren, legte Alexander den Arm um seine Frau und sagte einen Satz, den ich so schnell nicht vergessen sollte: „Das ist die schönste Frau der Welt." Der Stolz in seiner Stimme bewies, dass er es genau so meinte. Alja lächelte still und zeigte dabei zwei goldene Zähne. In diesem Moment musste ich an einen Satz meines Vaters denken, den meine Mutter oft und gerne wiederholte: „Die schönste Frau der Welt ist die Frau, die man liebt."

August

*Ich trinke Tee mit der Schwiegertochter von Boris Paster-
nak, schwebe auf die Sperlingsberge und kann mich nicht
verabschieden*

Nach knapp einem Jahr als Redakteurin der Moskauer
Deutschen Zeitung kann mich nichts mehr überraschen.
Dachte ich. In einer Stadt, in der Schweinefußball als olympi-
sche Disziplin galt, ein Künstler in seiner Wohnung Feuer legte und Männer bei minus zwanzig Grad im Eisloch schwam-
men – was konnte da noch kommen?

Ein Telefonanruf. Am anderen Ende der Leitung ein
Mann namens Sergej. Einen Nachnamen nannte er auch auf
Nachfrage nicht. Er stellte sich vor als Tänzer und ehemaliger Freund des verstorbenen bayerischen Ministerpräsiden-
ten Franz Josef Strauß. Ohne irgendwelche Hintergründe
zu verraten, bat er mich darum, „zwei Worte" über ihn zu
schreiben, und beendete das Gespräch mit „Ich liebe Sie
sehr". Als ich auflegte, wusste ich nicht, ob ich lachen oder
weinen sollte. In den nächsten Wochen rief Sergej mindestens einmal pro Tag an. Manchmal auch zweimal. Oder dreimal.

Nach zahllosen Telefonaten fasste ich mir ein Herz und
lud ihn in die Redaktion ein. Sergej erschien in weißem Hemd
und marineblauem Anzug. Unter seinem Arm klemmte eine
gut gefüllte Klarsichtmappe, in der Hand hielt er ein dickes
Buch, das wie ein Fotoalbum aussah. Nach einer Viertelstunde Unterhaltung war klar: Sergej hatte eine erstaunliche Karriere – auf dem Papier. Wie er wiederholt beteuerte, war er
nicht nur Tänzer und Charmeur, sondern auch Revolutionär,

Dramaturg und Poet. Nach seinen eigenen Angaben waren zudem 1200 Werke aus seiner Feder geflossen. Unermüdlich engagiere er sich für die Völkerverständigung. Demnächst würde sein Einsatz für Gott und die Welt endlich belohnt, betonte Sergej. Er legte seine Hand vertraulich auf meine Schulter: „Ich bin Nobelpreisanwärter."

Doch nun wollte Sergej vor allem ein Interview in der Moskauer Deutschen Zeitung „Ich antworte auf jede beliebige Frage", versprach er. Vielleicht sollte ich mir von ihm die Welt erklären lassen. Oder zumindest die Liebe? „Bringen Sie doch mal Ihre Publikationen mit", schlug ich vorsichtig vor. „Vielleicht nicht alle 1200 auf einmal. Aber zwei, drei Bücher sollten es schon sein." Sergej sah mich jetzt so ratlos an, dass man fast Mitleid mit ihm haben musste. „Glauben Sie mir etwa nicht?"

Sergej öffnete einen der oberen Hemdknöpfe und blätterte das mitgebrachte Album auf. Jede Aufnahme darin zeigte ihn mit einer anderen Person. Ich erkannte keine einzige. Sergej trug jedes Mal seinen marineblauen Anzug und schaute ernst in die Kamera. Bevor ich ihn nach den fotografierten Menschen fragen konnte, klappte er das Buch wieder zu und stellte sich gerade vor mir auf. „Dürfte ich auch ein Foto von uns beiden machen?" Wir stellten uns an die weiße Wand im Flur der Redaktion. Sergej legte einen Arm um meine Schulter, mit der anderen hielt er die Kamera auf uns. „*Spassibo bolschoie*", sagte er dann und deutete eine Verbeugung an. „Sind Sie verheiratet?" Ich schüttelte nur den Kopf. Sergej lächelte in sein Staralbum: „Ich auch nicht."

Wenige Tage, nachdem der selbst erklärte Nobelpreisanwärter unsere Redaktion verlassen hatte, erschien ein hagerer Mann mit weißem Haar, der Damenhockey als sein Steckenpferd ausgab. Als ich am Ende des Tages meinen Computer herunterfuhr, hatte ich nur einen Gedanken: Eigentlich waren Männer, die ins Eisloch sprangen, Künstler, die vor Publikum in ihrer Wohnung zündelten, und Schweine, die Fußball spielten, doch ganz normal.

Manchmal versuchte ich, mir mein Leben nach Moskau vorzustellen. Mit jedem Monat, den ich in dieser Stadt verbrachte, fiel das schwerer. Moskau schien wie ein Meer, in das ich gesprungen war, ohne darüber nachzudenken, an welchem Ufer ich auftauchen wollte. Wie würde ich meine Zeit hier im Gedächtnis behalten? Was würde bleiben? Und wer?

In Joseph Brodskys „Erinnerungen an St. Petersburg" las ich: „Das Unternehmen, sich die Vergangenheit ins Gedächtnis zu rufen, gleicht dem Versuch, den Sinn des Daseins zu erfassen. Beides macht, dass man sich vorkommt wie ein Baby, das nach einem Baseball greift. Immer wieder rutschen die Hände ab."

Ich fuhr alleine zum Roten Platz. Seltsam, wie ich diesen Ort jedes Mal erlebte, als sähe ich ihn wieder zum ersten Mal. Sein Zauber nutzte sich nicht ab. Nie gewöhnte ich mich an seine Schönheit. Alles, was Moskau sein konnte, traf hier für mich zusammen. Das Ensemble aus Historischem Museum, Lenin-Mausoleum, Kaufhaus GUM und Basiliuskathedrale vereinte für mich alle Widersprüche der Stadt: die Last der Vergangenheit, die Lust am Konsum und die Sehnsucht nach Spiritualität.

Doch zu meinem Moskau gehörten auch Maschas tonverschmierte Hände, Wladimirs Crashkurse zum russischen Alltag und Nataschas Ironie. Menschen wie Jurij Samodurow oder die lesbischen Liebenden, die sich in den Wind stellten, um ihr Glück zu finden. Das Geplänkel mit dem aserbaidschanischen Nussverkäufer, Zufallsbegegnungen in schwarzen Taxis und Smetana, die auf der Roten Beete des Borschtsch zerläuft. Mein Moskau klang nach Autohupen im Abendstau, Vivaldis Winter als Metromusik und den singenden Engeln im orthodoxen Gottesdienst. Roch nach frischen Rosen,

Urin und Motorenöl. Schmeckte nach Zarenhonig, Chatschapuri und Christians Küssen.

„Bleib doch einfach hier", meinte Wladimir, als wir schwer bepackt von einem Großeinkauf nach Hause liefen. „Wer in Moskau gelebt hat, kann sich im Rest der Welt nur langweilen. Vor allem in Deutschland." Mein Mitbewohner grinste. „In Berlin bräuchtest du dich weder vor Ratten noch vor Polizisten zu fürchten." Ich musste lachen. „Das stimmt. Aber ich würde Zeit gewinnen und vielleicht häufiger meine Seele baumeln lassen." „Du könntest dir nicht mehr sieben Filme zum Preis von einem kaufen oder deine Freundin in der Banja auspeitschen." „Aber ich könnte das ganze Jahr über heiß duschen und wieder Leitungswasser trinken." „Niemand würde dir Wodka gegen Erkältung verschreiben. Du wüsstest nicht mehr, wie gut heißer Tee schmeckt, wenn das Thermometer minus zwanzig Grad zeigt." Wladimir blieb stehen und lächelte süß: „Und vor allem hättest du keinen so sympathischen Mitbewohner wie mich."

Moskau war eine Schule in Schlitzohrigkeit. Eines hatte ich in Russland auf jeden Fall gelernt: Nicht vorzeitig aufzugeben. Auch nach einem *Njet* den zweiten Versuch zu wagen. Egal ob es sich um Konzerttickets handelte oder den Kampf gegen die „vielköpfige Hydra", wie Christian die russische Bürokratie einmal bezeichnet hatte.

Im Sommer kam Besuch aus der Schweiz – Christians Freund Philipp. Zu dritt fuhren wir nach Peredelkino, um die Datscha von Boris Pasternak zu besuchen. Die kleine Stadt war 1935 als Siedlung für Mitglieder des sowjetischen Schriftstellerverbandes gegründet worden.

Am Kiewer Bahnhof kämpften wir uns durch die Rosenhändler und hupenden Trams, bestiegen eine Elekritschka mit harten Ledersitzen und standen eine halbe Stunde später wie in einer anderen Welt. An einem verschlafenen Bahnhof wuchs Gras über die Gleise und in der Ferne bimmelte eine Kirchenglocke.

„Wo geht es zu Pasternaks Datscha?", fragten wir einen jungen Mann in Trainingshosen, der gerade seine Zigarette austrat. *„Ne snaju"*, sagte er, „ich weiß nicht." Auch eine alte Frau, die an der Bushaltestelle Äpfel verkaufte, schüttelte ratlos den Kopf. Wie war es möglich, dass die Menschen den Weg zu einem ihrer berühmtesten Literaten nicht wussten?

Noch hatte ich „Doktor Schiwago" nicht gelesen, und an die Oscar-prämierte Verfilmung von David Lean konnte ich mich kaum erinnern. Geblieben aber war mir das Bild, wie Omar Sharif als Schiwago mit fiebernasser Stirn durch den sibirischen Schnee stapft. Dabei hatte Lean diese und viele andere Szenen in Spanien gedreht. Aber das wusste ich damals nicht. So war eine spanische Landschaft mein erster Eindruck von Russland.

„Boris Leonidowitsch zog 1936 in die Künstlerkolonie Peredelkino", erklärte die Museumsführerin, als wir in einer kleinen Gruppe die knarrenden Dielen der hellen Datscha betraten. Sie sprach über den Schriftsteller wie über einen guten Freund.

In Pasternaks Bücherregal entdeckte ich Bände von Franz Kafka und Rainer Maria Rilke im deutschen Original. „Der Autor verbrachte ein Auslandssemester in Marburg und übersetzte unter anderem Goethe und Rilke ins Russische", sagte die Pasternak-Spezialistin und deutete auf den Schreibtisch.

„Doktor Schiwago" war irgendwann einmal nicht mehr gewesen als ein Stapel Papier, dachte ich, als ich direkt davorstand. Ein Tisch aus Holz, Feder und Tinte, ein Stuhl, der vielleicht knarzte, wenn man sich auf ihn setzte – mit einfachsten Mitteln hatte ein Mensch hier etwas geschaffen, das nach seinem Tod in den Lesern lebendig blieb. Für Pasternak hatte sich so erfüllt, was ihm sein Freund Lew Tolstoi auf dem Totenbett gesagt hatte und für mich wie ein Gebet klang: „Alles vergeht. Geld, Grundbesitz, selbst Königreiche sind zum Untergang verdammt. Doch wenn unser Werk nur ein Körnchen wahre Kunst enthält, wird es bis in alle Ewigkeit leben." Die Nachmittagssonne malte Lichtkreise auf den Schreibtisch, und ich hörte die Stimme unserer Führerin wie aus der Ferne.

„,Doktor Schiwago' durfte in der Sowjetunion nicht erscheinen," sagte sie gerade. „Auf Russisch wurde das Buch erst 1988 unter Gorbatschow publiziert. Als Pasternak 1958 den Nobelpreis für Literatur erhalten sollte, musste er ihn auf Druck der sowjetischen Obrigkeit ablehnen. Trotzdem wurde er aus dem Schriftstellerverband der UdSSR ausgeschlossen." „Hat nicht sein Sohn die Auszeichnung später angenommen?", fragte eine Frau mit himmelblauem Sonnenhut. „Ja", die Führerin nickte, „1989. 29 Jahre nach dem Tod des Vaters nahm der Sohn den Nobelpreis stellvertretend entgegen."

Als wir wieder ins Freie kamen, setzte ich mich mit Christian und Philipp auf eine Bank vor der Datscha. Es war ein warmer Sommertag, ein leichter Wind ließ die Blätter der Bäume rascheln. Von außen erinnerte das zweistöckige Gebäude eher an eine Villa als an ein Ferienhaus. „Wie wäre es, wenn ich euch ein bisschen aus ‚Doktor Schiwago' vorlese?", schlug ich den Männern vor. Philipp nickte. „Gerne." „Was meinst du, Christian?" „*Dawai*, leg los." Also zog ich die rote Taschenbuchausgabe meiner Mutter aus dem Rucksack. Die vergilbten Seiten rochen nach Antiquariat.

Ich schlug das erste Kapitel auf und begann zu lesen: „Man ging und ging und sang ‚Ewiges Gedenken'. Und wenn die Stimmen verstummten, tönte der Trauergesang fort im Rhythmus der Schritte, im Geklapper der Pferdehufe und im

Wehen des Windes. Passanten gaben den Weg frei, um den Trauerzug vorbeiziehen zu lassen, sie zählten die Kränze und bekreuzigten sich. Neugierige schlossen sich der Prozession an und fragten: ‚Wer wird begraben?' – ‚Schiwago' hieß die Antwort."

Über der Geschichte vergaß ich die Zeit und las, bis ich zu den Worten kam, die Pasternak seiner Figur Nikolai Nikolaitsch in den Mund legt: „Der Herdentrieb ist immer die letzte Zuflucht für Unbegabte, ob es sich nun um die Anhänger von Solowjow, Kant oder Marx handelt. Wer die Wahrheit sucht, muss allein bleiben und mit all denen brechen, die sie nicht genügend lieben."

„Habt ihr Lust, mit uns Tee zu trinken?" Ein deutscher Russlandkorrespondent, den wir aus Moskau kannten, steckte überraschend seinen Kopf aus der Datschatür. Als wir ins Haus traten, hatte sich in einem ovalen Nebenraum des unteren Stockwerks eine kleine Runde um einen gedeckten Tisch versammelt. Ich sah blau-weißes Teeservice, Korbstühle, Kuchen und Wassermelonen. Auf den Fenstersimsen wuchsen grüne Topfpflanzen.

„Ich bin Natalja", stellte sich die Gastgeberin, eine Dame mit lockigem hellbraunen Haar vor. Erst nachdem wir schon eine Weile mit ihr geplaudert hatten, erfuhr ich, wer sie war. Wir hatten tatsächlich das unverschämte Glück, mit der Schwiegertochter von Boris Pasternak Tee zu trinken.

Wie uns Natalja bei Kuchen und Melonen erzählte, hatte sie Pasternaks Datscha nach der Perestrojka gerettet. Zu einem Zeitpunkt, als die Sowjets diese bereits hatten räumen lassen. Freundlich drängte sie uns, noch mehr Kuchen zu essen. Philipp stand zwischendurch auf und schoss Fotos.

Natalja erzählte, dass sie im kleineren Gartenhaus neben der Datscha wohnte und bis heute die Geschäfte führte. Sie lachte mit den Augen, gestikulierte viel und ließ keine Gelegenheit aus, um sich einen intelligenten Scherz zu erlauben. 1962, zwei Jahre nach Pasternaks Tod, war sie hier eingezogen. Das Museum durfte allerdings erst 1990 eröffnet werden. Zum 100. Geburtstag des Dichters.

Als wir zurück zum Bahnhof liefen, konnte ich es noch immer nicht ganz glauben. „So etwas passiert einem wirklich nur in Russland", sagte ich zu Christian und Philipp. „Erst finden wir kaum den Weg zu Pasternaks Datscha und dann geraten wir in eine Teegesellschaft mit seiner Schwiegertochter."

Der russische Sommer war trocken und heiß. Die Moskowiter knutschten in Grünanlagen, hingen ihre Füße in die städtischen Springbrunnen und spielten am VIP-Strand des Gorki-Parks Urlaub in St. Tropez.

„Lass uns auf die Sperlingsberge fahren!", simste ich Christian. Das letzte Mal hatte ich Moskaus beliebtesten Aussichtspunkt im Winter gesehen. Die *Worobjowi gori*, wie sie auf Russisch hießen, waren bei Minustemperaturen Treffpunkt für Skifahrer und Snowboarder. Bis 1999 nannte man sie noch Leninberge. „Weißt du noch, dass wir unser erstes Treffen zu zweit auch über den Dächern der Stadt hatten?", sagte ich zu Christian, als wir am Kiewer Bahnhof in die Unterwelt der Moskauer Metro abtauchten.

„Ja, klar, in der Red Bar."

„Na ja, und vorher haben wir auf deinem Balkon Bier getrunken."

„Weißt du eigentlich, dass ich damals schon daran dachte, dich zu küssen?"

„Wirklich? Ich dachte, wir sehen uns ganz platonisch."

Statt zu antworten, drückte Christian mir einen Kuss auf den Mund.

An der Metrostation Worobjowi gori blendete uns die Augustsonne. Vor uns lag der Fluss *Moskwa* wie ein glitzerndes breites Band. Eine Promenade führte direkt am Ufer entlang. Inlineskater überholten uns und auf dem Fluss zogen die Ausflugsdampfer vorbei. „So gefällt mir Moskau am besten", sagte ich und schloss für einen Moment die Augen. In meinem Nacken spürte ich den warmen Wind. „Wer hätte gedacht, dass man sich in diesem Moloch auch mal entspannen kann." Christian legte seinen Arm um mich. „Der Sommer ist vielleicht die einzige Zeit, in der man in Moskau die Seele baumeln lassen kann."

Am Sessellift, der uns auf die Sperlingsberge tragen sollte, gab es kaum Menschen. Leere Sitze schaukelten langsam nach oben. Weil man ihr Ziel von hier unten nicht sehen konnte, sah es aus, als stiegen sie auf in den Himmel.

„Bei drei setzen Sie sich", erklärte uns der Mann am Lift. Als der Sessel von hinten auf uns zukam, rief er *odin, dwa* – und bei *tri* hatten unsere Füße schon keinen Bodenkontakt mehr. In einem wackeligen Sessel schwebten wir über Moskaus Skipiste hinweg. Ein Paar Spaziergänger kraxelten den grünen Hügel hinauf. Immer kleiner wurden die Baumkronen.

Auf der Spitze des Berges griffen zwei Liftjungen nach unserem Sessel. Als wir ausstiegen, genossen wir die tolle Aussicht. Unter uns lag das Luschniki-Sportstadion. Direkt neben uns erhob sich eine Stalinschwester, die ich sonst immer nur aus der Ferne bewundert hatte: die Lomonossow-Universität. Studenten waren heute allerdings nicht zu sehen.

Auf der Straße, die einmal quer über den Berg führte, roch es nach Blini und Pommes. Souvenirhändler reihte sich an Souvenirhändler. Im Angebot war der übliche Mix aus Touristenkitsch und Geschichtsnostalgie: Matrjoschkas, Kalender, sowjetische Abzeichen. Christian liebäugelte mit einer Leninbüste aus Messing. Mir gefielen die Spieluhren. Wenn man die kleine Handkurbel unter der hölzernen Basiliuskathedrale betätigte, hörte man eines der berühmtesten Lieder über Moskau: *Podmoskownije wetschera,* Abende in der Gegend von Moskau.

Plötzlich hupte es. Eine weiße Limousine hielt neben uns. Auf dem Dach glänzten zwei goldene Ringe. Luxuskarossen hatte ich in Moskau mehr als genug gesehen, aber über ihr Innenleben konnte ich nur spekulieren. Als hinten rechts eine Tür aufflog, entstieg ihr keine Filmschönheit, sondern ein verstrubbelter Fotograf. Über seiner schwarzen Krawatte baumelte eine Spiegelreflexkamera. Sekunden später öffnete sich die vordere Seitentür. Heraus sprang ein schmaler Bräutigam. Er lief einmal um die Limousine und öffnete die Tür für seine Braut. Unter dem weißen Schleier schauten schwarze Korkenzieherlocken hervor, ihr elfenbeinfarbenes Kleid mit Schleppe spannte über dem Bauch.

Hinter den blickdichten Scheiben verbarg sich eine ganze Hochzeitsgesellschaft. Einer nach dem anderen verließen die Gäste die Stretchlimo und blinzelten in die Sonne, als sähen sie zum ersten Mal nach langer Zeit wieder Tageslicht. „Eine Moskauer Hochzeit muss ganz schön anstrengend sein", meinte Christian. „Was man da nicht alles für Stationen in der Stadt abklappern muss, das Ewige Feuer, die Sperlingsberge …" „Aber man heiratet ja nur einmal im Leben", sagte ich. Christian warf mir einen Blick zu, der für mich nicht zu deuten war.

„Möchtest du später einmal heiraten?", fragte ich Mascha am nächsten Wochenende. Wir saßen in der Wodka Bar. Mir gefiel dieser Ort. Nicht wegen der Auswahl an hochprozentigen Wässerchen. Vielmehr begeisterte mich das Interieur mit Mosaiken und roten Sternen. Es war fast wie in einer Metrostation.

„Als kleines Mädchen hätte ich Ja gesagt. Als Teenager auch. Heutzutage …", Mascha sah mich ernst an, „frage ich mich, ob die Liebe fürs Leben nicht nur die Erfindung romantischer Dichter ist."

Als wir auf dem Weg zu ihrer Wohnung waren, sagte Mascha: „Habe ich dir eigentlich schon erzählt, dass ich mal eine kurze Beziehung mit einem Berliner hatte? *U menja bil roman s nim ...*" „Ich finde es interessant, dass eine Liebesbeziehung im Russischen *Roman* heißt", sagte ich, „als handele es sich um das Werk eines Schriftstellers."

„Denkst du nicht auch, dass wir unsere Lieben wie Geschichten erleben? Mit einem Anfang, einem Ende und vielen Verwicklungen dazwischen?"

„Aber träumst du nicht auch von einer unendlichen Geschichte? Eines meiner Lieblingsbücher heißt so: Die unendliche Geschichte."

„Ist das nicht ein deutsches Kinderbuch von Michael ...", Mascha überlegte.

„... Ende. Ja. Der Held ist ein Leser, Bastian. Er reist nach Phantasien und lernt verstehen, dass Wünsche nichts Beliebiges sind. Bastian muss viele Abenteuer bestehen, bis er weiß, was er wirklich will."

„Und was wünscht er sich am Ende?"

„Lieben zu können. Er erkennt, dass ihm dies am wichtigsten ist. Noch wichtiger, als selbst geliebt zu werden."

„Das Buch möchte ich auch mal lesen. Irgendwie habe ich noch nicht herausgefunden, was ich will. Die Liebe kann jedenfalls verdammt wehtun. Manchmal habe ich mir schon gewünscht, ein Mann wäre mir von heute auf morgen egal."

Inzwischen war die Sonne untergegangen und wir saßen in Maschas Zimmer. Auf der Hauptstraße vor dem Haus hupten die Autos im Stau. Wenn die Fenster offen standen und das Radio lief, hörte man, je nach Vorliebe des Fahrers, mal ein paar Sekunden Popmusik, mal Heavy Metal. Die Mischung aus Gehupe, Musik und Motorengeheul ließ mich an German Winogradow denken, der auf seinem Balkon die Stimmen der Stadt in Musik verwandelte.

Mein persönlicher Soundtrack von Moskau war in den letzten zwölf Monaten immer vielstimmiger geworden. Neben Alexejs elektronischen Klängen und dem Rattern unserer halbautomatischen Waschmaschine gehörten dazu jetzt auch der Werbejingle von Radio *Echo Moskwy*, die singenden Teilzeitengel im orthodoxen Gottesdienst und der Flamenco, den Christian für mich auf seiner Gitarre spielte.

„Carmen?" Mascha tippte mir auf die Schulter. „Du bist ja völlig in Gedanken versunken." „Entschuldige, kannst du deinen Satz noch mal wiederholen?"

„Ich sagte: Auch wenn man meint, einen Menschen sehr gut zu kennen, gibt es immer noch so vieles, was man nicht über ihn weiß."

„Ja, manchmal überrascht man sich sogar selbst. Tut Dinge, die man sich gar nicht zugetraut hätte. Im Guten wie im Schlechten."

„Kannst du dich an die Geschichte von ‚Solaris' erinnern?"

„Du meinst, den Film von Andrej Tarkowski? Nein, den habe ihn noch gar nicht gesehen."

„Ich habe ihn auf DVD. Wenn du willst, können wir ihn zusammen anschauen. Es geht darum: Ein Mann fliegt zur Raumstation Solaris und begegnet dort seiner toten Frau. Und hier hatte Stanislaw Lem, dessen Roman Tarkowski verfilmte, einen tollen Einfall. Denn Kris, die Hauptfigur, begegnet nicht wirklich seiner Frau, sondern nur dem Bild, das er von ihr hatte. Deshalb ist sie so eindimensional. Er sieht die Frau nicht wie sie war, sondern wie er sich an sie erinnert."

„Er begegnet also letztlich nur sich selbst?"

„Ja, sich und seinen Geistern. Immer wenn ich den Film sehe, denke ich darüber nach, wie Solaris für mich aussehen würde. Es ist unheimlich, sich vorzustellen, was man findet, wenn man ganz tief in sich hineinschaut." Mascha stand auf, schaltete das Licht aus und schob die DVD in ihren Laptop.

In gewisser Weise war ich selbst nach Moskau geflogen wie in eine andere Galaxie. In ein Leben, das, wie ich glaubte, mit meinem bisherigen nichts zu tun haben würde. Ich begann es mit positiven Vorurteilen über Russland und Bildern aus meiner Vergangenheit.

Doch das Moskau, das ich in den Neunzigern verlassen hatte, gab es nicht mehr. Wo ich bei meiner Gastfamilie russischen Alltag erlebt hatte, wohnte jetzt ein fremder Mann, der mir bei der Suche nach meinen ersten Moskauer Freunden nicht weiterhelfen konnte.

Ich dachte, ich sei wie Gagarin unterwegs zu einem neuen Gestirn. Dabei war ich Kris auf der Reise zu mir selbst. Wo ich neu anfangen wollte, drehte ich nur eine weitere Schleife. Doch seit meinem Besuch im Petersburger *Purga* wusste ich: In jeder Nacht konnte die Zeit neu beginnen. Und ich spürte: Mein *Roman* mit Moskau war noch nicht zu Ende.